Paula Peisner Coxe

Zeit finden

Paula Peisner Coxe

Zeit finden

30 Tips für Frauen,
die zuviel tun

AURUM VERLAG

Das amerikanische Original erschien unter den Titel
„Finding Time . Breathing Space For Women Who Do Too
Much" bei Sourcebooks Trade, a division of Sourcebooks,
Inc., Naperville, Illinois.

Ins Deutsche übersetzt von Annemarie Endeveld

Umschlaggestaltung: Andrea Heissenberg
Illustrationen (Umschlag und Inhalt): Nike Schenkl

Die Deutsche Bibliothek - CIP-Einheitsaufnahme
Peisner-Coxe, Paula:
Zeit finden : 30 Tips für Frauen, die zuviel tun /
Paula Peisner Coxe.
(Ins Dt. übers. von Annemarie Endeveld). - Braunschweig :
Aurum Verl., 1998
Einheitssachtt.: Finding time <dt.>
ISBN 3-591-08430-1

1998
ISBN 3-591-08430-1
© 1992 Paula Peisner
© der deutschen Ausgabe Aurum Verlag GmbH,
Braunschweig
Gesamtherstellung: Westermann Druck Zwickau GmbH

Inhalt

	Einleitung	9
Tip 1	Zum Umgang mit den Erwartungen anderer	**15**
Tip 2	Ein kleines „Zeitpolster" hat noch nie geschadet	**20**
Tip 3	Lernen Sie, nein zu anderen und ja zu sich selbst zu sagen	**26**
Tip 4	Machen Sie das Beste aus einer mißlichen Lage	**32**
Tip 5	Organisieren Sie feste Zeitblöcke und reduzieren Sie Unterbrechungen	**36**
Tip 6	Das Telefon – Ihr Freund und Ihr Feind	**42**
Tip 7	Seien Sie erreichbar	**47**
Tip 8	Geben Sie Ihrer Familie Hilfe zur Selbsthilfe	**51**

Tip 9	Niemand putzt seine Zähne zum Vergnügen. Es ist eine Notwendigkeit.	**57**
Tip 10	Das Wichtigste zuerst – alles eine Frage der Prioritäten	**62**
Tip 11	Planen Sie Ihre Zeit – auch die freie	**67**
Tip 12	Elefanten haben ein gutes Gedächtnis, Menschen nicht	**73**
Tip 13	Warum wir zwei Ohren und nur einen Mund haben	**78**
Tip 14	Behalten Sie die Dinge im Auge	**84**
Tip 15	Bringen Sie Angefangenes zu Ende	**88**
Tip 16	Kein System ist so gut wie Ihr eigenes	**93**
Tip 17	Seien Sie Ihr eigener Revisor	**98**
Tip 18	Sie verdienen eine Pause	**102**
Tip 19	Widerstehen Sie der Versuchung	**106**
Tip 20	Nutzen Sie unvermeidliche Wartezeiten	**110**

Tip 21	Fangen Sie einfach an – die Inspiration kommt nach	**113**
Tip 22	Delegieren Sie	**117**
Tip 23	Gestalten Sie Ihr Leben möglichst einfach	**122**
Tip 24	Bitten Sie um Hilfe	**127**
Tip 25	Werden Sie sich Ihrer Ansichten bewußt	**131**
Tip 26	Tun Sie *nicht* eines nach dem anderen	**135**
Tip 27	Legen Sie nützliche Ordner an	**139**
Tip 28	Von jetzt an „sollten" Sie nicht mehr	**143**
Tip 29	Rollen Sie nach rückwärts auf und planen Sie auf das Ziel zu	**146**
Tip 30	Setzen Sie die Tips um – auf die Weise, die für Sie stimmt	**151**
	Alle Tips auf einen Blick	**160**
	Literaturtips	**168**

Zu viele Aktivitäten, Menschen und Dinge.
Zu viele ehrenwerte Aktivitäten, wertvolle Dinge
und interessante Menschen. Denn nicht nur
Belangloses häuft sich in unserem Leben,
sondern auch Wesentliches.

Anne Morrow Lindbergh

Einleitung

Autotelefone. Handys. Anrufbeantworter. Faxgeräte. Kreditkarten. Sofortbilder. Fast Food. Drive-Ins. Den meisten Menschen geht alles nicht schnell genug. Und warum das?

Zeitdruck. Der Druck, ein Arbeitsprogramm abhaken zu müssen. Das Bedürfnis, stets ja sagen zu können, wenn einen jemand braucht. Der Wunsch zu geben, oft auf Kosten des eigenen Wohlergehens. Der Drang, soviel wie möglich in kürzester Zeit zu erledigen, um später Zeit zu haben, sich zu entspannen, spazierenzugehen, Sport zu treiben, zu reisen, Freunde zu treffen oder ganz einfach mal überhaupt nichts zu tun.

Wir, die modernen Frauen am Ende des Jahrhunderts, haben ständig etwas zu tun: Kinder, Eltern, Haushalt, Beruf, Ehrenämter und was nicht alles. Wir verbringen einen sehr großen Teil unserer Zeit damit, für andere zu sorgen. Oft gehen wir abends ausgelaugt, überfordert und niedergeschlagen zu Bett, wissen nicht einmal mehr unseren Schlaf zu schätzen und erwachen morgens müde und voller Ängste. Manchmal erfahren wir unser Leben als eine nie enden wollende Tretmühle.

Wenn es Ihnen ergeht wie mir, wünschen Sie sich oft, Sie könnten die Tretmühle verlangsamen – oder sie anhalten und aussteigen. Dieser Wunsch hat mich veranlaßt, nach Büchern zu suchen, die mir helfen könnten, mehr Zeit für mich zu finden. Doch ich wurde enttäuscht. In den meisten einschlägigen ging es darum, die Psychologie der Zeitplanung zu verstehen oder im Büro ein Muster an Effizienz zu werden. Ich aber suchte ein einfaches, leicht zu verwendendes Buch, eines mit praktischen, grundlegenden Ratschlägen, die es einer Frau wie mir ermöglichen würden, ein Gleichgewicht zwischen den mannigfaltigen Aspekten ihres Lebens herzustellen und es auf diese Weise zu bereichern.

Da ich ein solches Juwel nicht entdecken konnte, machte ich mich daran, Tips von Freunden und Mitarbeitern zu sammeln. Ich begann auch zu erkennen, was ich selbst richtig machte. Ich bin weder ein Muster an Effizienz, noch kann ich eine entsprechende akademische Bildung vorweisen, aber ich habe Wege gefunden, um meine Zeit und die Anforderungen, die von außen an mich herangetragen werden, so zu planen, daß ich mehr Freude am Leben haben kann. Mein Motto lautet „einfach und praktisch anwendbar". Getreu diesem Motto werden Sie in diesem Buch einfache, praktische Tips finden, die Ihnen helfen sollen, Ihr Leben in seiner ganzen Fülle zu leben. Zusammen genommen bieten sie Ihnen ein breitgefächertes Instrumentarium, das sich gleichermaßen auf Heim und Beruf anwenden läßt. Benutzen Sie es als Stimulans für Geist und Seele. Haben Sie Spaß daran.

Zeit ist ein begrenztes Gut, aber sehr wohl eines, mit dem man wirtschaften und das man beherrschen kann. Genau wie Geld, kann man Zeit sparen, investieren, ausgeben, verdienen, verschwenden. Wie Sie sie verwenden, hängt von den Gewohnheiten ab, die Sie im Umgang mit Ihrer Zeit entwickelt haben. Die machtvollen Gewohnheiten, die hier in Form von dreißig Tips dargestellt werden, sollen Ihnen helfen, Handlungsweisen (Ihre eigenen oder die anderer) zu erkennen und auszumerzen, die Sie um dieses wertvolle Gut bringen.

Das, was uns unsere Zeit stiehlt, nenne ich „Zeiträuber". Es ist der Teil von uns, der unsere eigene Zeit gering achtet oder aber nicht erkennt, daß wir über sie bestimmen können. Sie haben richtig gelesen: Ihre Zeit ist Ihre ureigene Angelegenheit. Andere mögen Ihr Leben einengen und Anforderungen an Sie stellen, aber es ist an Ihnen, die Verantwortung zu übernehmen und zu verhindern, daß diese anderen über Ihr Leben verfügen und es in eine Tretmühle verwandeln, in der Sie sich gefangen fühlen.

Das Geheimnis liegt darin, daß Sie Gewohnheiten entwickeln, die es Ihnen ermöglichen, das Beste aus Ihrer Zeit zu machen. Das ist der Zweck dieser Ratschläge. Wenn Sie sie einmal ausprobiert haben, werden Sie feststellen, daß Sie Ihre Zeit gewissermaßen „strecken" können, so daß Sie alles Notwendige erledigen können und dennoch Zeit übrigbehalten für all das, was Sie gern tun. Sie werden nach wie vor Zeit damit verbringen, sich um andere zu kümmern, aber Sie werden auch mehr Zeit zur Verfügung haben, um für sich selbst zu sorgen.

Ein warnendes Wort: In diesem Buch geht es nicht um Perfektionismus oder zwanghaftes Verhalten. Es befaßt sich vielmehr damit, wie wir mit den Anforderungen des Alltags umgehen, die uns unsere Zeit stehlen, wenn wir sie nicht unter Kontrolle behalten. Es ist nicht schwierig, in dieser Hinsicht gesunde Gewohnheiten zu entwickeln, auch brauchen Sie Ihr Leben nicht von heute auf morgen zu ändern – es sei denn, Sie sind jemand, der gern alles auf die lange Bank schiebt. Es wird manchmal behauptet, solche Menschen hätten ein tiefsitzendes Problem, mit dem sie sich auseinandersetzen müßten, zum Beispiel Angst zu versagen, Angst vor Erfolg oder das Bedürfnis, alles unter Kontrolle zu behalten. Das mag stimmen. Doch habe ich mir nicht zum Ziel gesetzt, die Motivation eines Zauderers zu verstehen, noch die Persönlichkeit eines Perfektionisten oder die eines Menschen mit Zwangsvorstellungen. Dieses Buch soll Ihnen lediglich helfen, differenzieren zu lernen – zwischen dem, was Sie tun sollten, dem, was Sie tun möchten, und dem, was Sie nicht zu tun brauchen.

Sollten Sie Ihre Zeiträuber bereits wirksam unter Kontrolle haben, kann Ihnen dieses Buch vielleicht zur Feinabstimmung Ihres schon jetzt effizienten Umgangs mit Ihrer Zeit dienen. Befolgen Sie die Ratschläge, die Ihrer Persönlichkeit und Ihren Umständen entsprechen und lassen Sie die anderen beiseite. Und sollten Sie auch nur bei zehn der dreißig Tips das Gefühl haben, daß sie stimmig für Sie sind, so denken Sie an all die Zeit, die diese zehn Tips Ihnen verschaffen – und an all das Erfreuliche, das diese gewonnene Zeit Ihnen bringen wird.

Wie Sie dieses Buch verwenden sollten
- Haben Sie das Gefühl, daß Sie Ihr Leben damit verbringen, von einem Termin zum nächsten zu rennen?
- Machen Sie sich unentbehrlich?
- Stehen Sie immer auf Abruf bereit?
- Fällt es Ihnen schwer, nein zu sagen?
- Denken Sie, daß es besser ist, alles selbst zu machen?
- Räumen Sie jedesmal gründlich auf, bevor Ihre Putzfrau kommt?

Wenn Sie eine oder mehrere dieser Fragen mit ja beantwortet haben, sollten Sie sich Gedanken darüber machen, wie Sie Ihre Zeit verbringen. Wie sehen Ihre Vormittage, Nachmittage, Abende und Wochenenden aus? Wie fühlen Sie sich angesichts Ihres übervollen Programms? Versuchen Sie, ein paar Tage lang über Ihre Zeit Buch zu führen, um überblicken zu können, wo sie bleibt. Halten Sie schriftlich fest, wie Sie sich gern fühlen und wo Sie gern mehr von Ihrer Zeit verbringen würden. Nehmen Sie sich ein paar Minuten Zeit, bevor Sie einen der folgenden dreißig Tips ausprobieren, und denken Sie in aller Ruhe darüber nach, wo Sie im Moment stehen und wo Sie gern stehen würden.

Denken Sie, während Sie diese Tips lesen, an das, was Sie erreichen wollen, und wägen Sie bei jedem einzelnen ab, ob er für Sie persönlich von Nutzen ist. Variieren Sie die Tips, für die Sie sich entschieden haben, entsprechend Ihrer Situation, Ihrem Lebensstil und Ihrer Persönlichkeit, so daß sie schließlich passen wie ein Handschuh. Ich bin sicher, sie werden Ihnen helfen, eine ruhigere Gangart einzuschlagen und Freude an Ihrer Reise durch dieses Leben voller Wunder zu finden.

Tip 1

**Zum Umgang
mit den Erwartungen anderer**

*Ehrlichkeit ist eine eigennützige Tugend.
Ja, ich bin ehrlich genug.*

Gertrude Stein

Realität ist das Wahrgenommene.

Ich denke, das ist eines der wichtigsten Gesetze der menschlichen Natur. Es kommt gar nicht darauf an, wie perfekt oder vollständig man etwas erledigt hat. Wenn es nicht dem entspricht, was der andere erwartet hat, wird es ihn vermutlich nicht zufriedenstellen.

Die Lösung? Sie müssen lernen, mit den Erwartungen und den entsprechenden Wahrnehmungen anderer umzugehen. Wenn Sie die Wahrnehmungen Ihres Gegenübers verstehen wollen, müssen Sie die Fähigkeit haben, sich auf gleichgeartete Normen und Lösungen einzustellen. Sie müssen zum Beispiel verstehen, was Ihr Chef unter gut, vollständig, richtig oder ausgezeichnet gemacht versteht. Ihre Werteskala mag eine andere sein. Das ist ganz in Ordnung. Hier geht es nur darum, zu verstehen wie er die Dinge sieht.

Hier ein paar wirksame Methoden, um mit den Erwartungen anderer umzugehen:

- Lassen Sie sich Termine oder die zu erreichenden Ziele bestätigen. Fragen Sie: „Was genau erwarten Sie?" Bringen Sie Ihr Gegenüber dazu, seine Erwartungen in Worte zu fassen oder sie schriftlich zu bestätigen. Sprechen Sie dann Ihrerseits aus, wie Sie das Anliegen verstanden haben, so daß der andere Ihre Sicht der Dinge bestätigen kann.

- Warum sollten Sie sich anmerken lassen, daß eine Aufgabe Ihrer Meinung nach ganz einfach zu bewältigen ist, anstatt zu suggerieren, daß sie so kompliziert ist, wie andere sie vielleicht sehen?

- Machen Sie keine Versprechungen, solange Sie nicht wirklich verstanden haben, was Sie tun sollen, wie sich eine Zusage mit Ihren sonstigen Verpflichtungen vereinbaren läßt und welche Bedeutung sie im Hinblick auf Ihre eigenen Ziele hat.

- Wenn Sie sich verspätet haben oder annehmen, daß Sie sich verspäten könnten, so rufen Sie an und teilen dies mit. Vermeiden Sie Überraschungen.

- Denken Sie bei Terminsachen an Murphys Gesetze: „Alles braucht länger als man denkt" und „Wenn etwas schiefgehen kann, wird es auch schiefgehen." Und wenn wirklich etwas schiefgeht, ist Enttäuschung die unvermeidliche Folge. Daher wird man gut daran tun, von vornherein Einfluß auf die Erwartungen zu nehmen, um sich selbst und andere nicht unnötig zu enttäuschen. Dann werden die Beteiligten letzten Endes erfreut oder sogar begeistert sein, wenn sie das Resultat sehen. Sie haben ihre Erwartungen nur mit besten Absichten gedämpft.

Die meisten Menschen wollen andere glücklich machen, damit man gut von ihnen denkt. Denken Sie stets daran: Nicht das Versprechen bewirkt dauerhaftes Glück, sondern die erwartete Einhaltung des Versprechens.
Machen Sie es sich zur Angewohnheit, immer nachzufragen, was genau der andere von Ihnen erwartet, und sprechen Sie es aus, bevor Sie eine Aufgabe übernehmen.

Bei genauer Betrachtung ist Ihre Fähigkeit, Einfluß auf die Erwartungen anderer zu nehmen, Voraussetzung für Ihre Fähigkeit, Zeit für sich selbst zu bekommen. Wenn es Ihnen nämlich gelingt, diese Erwartungen zu erfüllen, haben Sie sowohl einen Verbündeten als auch ein paar Stunden gewonnen, mit denen Sie anfangen können, was Sie wollen.

Zur Gewohnheitsbildung
Stellen Sie sich folgende Fragen:
- Was erhoffe ich mir von dieser Situation?
- Was wünschen oder erwarten die anderen Beteiligten?

Konzentrieren Sie sich bei der Beantwortung auf die Resultate.

- Wie kann ich die Erwartungen der anderen erfüllen?
- Was kann ich realistischerweise versprechen?

Tip 2

**Ein kleines „Zeitpolster"
hat noch nie geschadet**

... Doch irgendwie blieb einem nie die Zeit, innezuhalten und den vorüberziehenden Strom des Lebens auszukosten. Wie gut wäre es doch, eine stille Bucht zu finden, mit Wassern, die so ruhig sein müßten, daß sie spiegeln könnten, einen Ort, wo man die Freude des Augenblicks fühlen könnte, anstatt hastig und atemlos ein Dutzend zukünftiger Vergnügungen zu planen.

Kathleen Norris
Bread into Roses

Polsterung braucht sich nicht auf die Schultern zu beschränken. Unter einem „Zeitpolster" verstehe ich ein bequemes zusätzliches „Zeitkissen", das es mir erlaubt, etwas in Ruhe durchzuführen und einen guten Eindruck zu machen. „Zeitpolstern" kann ganz einfach sein. Sehen Sie eine kleine Reserve vor, wenn Sie die Zeit schätzen, die Sie brauchen werden, um eine Arbeit auszuführen, eine bestimmte Strecke zu fahren oder eine Ferienreise zu buchen.

Warum sollte man sich abhetzen? Hetze verursacht Streß und vermindert die Produktivität, von den angeschlagenen Nerven ganz zu schweigen. „Polstern" Sie alle Ihre Zeitschätzungen, und Sie werden weder zu spät kommen noch sich unnötig abhetzen oder jemanden enttäuschen. Es ist eine fabelhafte Methode und sie funktioniert sowohl in der Familie als auch im Beruf.

Ich habe es mir zur Gewohnheit gemacht, meine Zeitplanung zu „polstern". In meinem Beruf arbeite ich unter anderem im Team mit anderen. Vor kurzem, als es darum ging, einen Bericht zur Kostenreduzierung vorzulegen, sollte der Beitrag einer einer Mitarbeiterin am Freitag, den einundzwanzigsten, abgegeben werden. Da sie jedoch für ihre Verpätungen bekannt ist, nannte ich ihr als Abgabetermin den vierzehnten, also eine Woche früher. Dieser angebliche Termin bewirkte, daß ihr Beitrag so rechtzeitig vorlag, daß meine eigene Arbeit nicht verzögert wurde und ich auch nicht gezwungen war, mich abzuhetzen oder Überstunden zu machen, wollte ich meinen Verpflichtungen nachkommen können.

Ein solches Verfahren ist besonders wichtig, wenn andere beteiligt sind. Um Termine auf diese Art festlegen zu können, müssen Sie genau wissen, wie viele Personen zur Ausführung einer Arbeit notwendig sind. Wenn beispielsweise drei Leute gebraucht werden, bitten Sie jeden dieser drei einzelnen, Ihnen die Zeit zu nennen, die er/sie zur Fertigstellung seines/ihres Anteils an dem Projekt braucht. Dann können Sie eine Zeitreserve für die Verzögerungen vorsehen, welche die Koordinierung der verschiedenen Aktivitäten mit sich bringen kann.

Tracy, eine Mutter von zwei Kindern, „polstert" die Zeit ihrer Kinder. Eine Viertelstunde bevor das Auto kommt, das sie abholen soll, sagt sie der sechsjährigen Sara und dem siebenjährigen Joshua, daß sie ihre Spielsachen beiseite legen und in fünf Minuten für ihre Turnstunde bereit sein sollen. Sie weiß, daß die beiden Kinder die vollen fünf Minuten brauchen, um überhaupt in Gang zu kommen, und daß Sara und Joshua dann ganz, ganz langsam ihre verschiedenen Spielsachen weglegen werden. Darüber werden weitere fünf bis zehn Minuten vergehen. Hat sie ihren Kindern also fünfzehn Minuten zugebilligt, um fertigzuwerden, braucht sie das Auto nicht unnötig warten zu lassen.

Einen weiteren Trick verwendet sie, wenn die Kinder fernsehen oder in ein Wettspiel vertieft sind. Anstatt darauf zu bestehen, daß sie sofort aufhören, gibt sie ihnen zehn Minuten Zeit, um die Sache abzuschließen und zum Essen zu kommen. Sie gehorchen im allgemeinen prompt.

Hier ein paar „Polstermethoden", die Sie in Betracht ziehen sollten:

- Rechnen Sie die Stunden zusammen, die Sie ein Projekt unter optimalen Bedingungen kosten wird. Dann schätzen Sie ab, wie lange Sie brauchen würden, wenn Sie unterbrochen oder abgelenkt werden. Gehen Sie von diesem höheren Schätzwert aus und erhöhen Sie ihn um den „Polsterfaktor", bevor Sie einen Termin zusagen.

- Veranschlagen Sie, wie viele Leute an der Ausführung beteiligt sein werden. Legen Sie fest, zu welchem Termin Sie die Arbeiten dieser Leute brauchen. Ziehen Sie nun in Betracht, daß sie nicht rechtzeitig fertig oder unvollständig sein könnten und schätzen Sie ab, wieviel Zeit es in

Anspruch nehmen würde, die Sache in Ordnung zu bringen, um den eigenen Termin einhalten zu können.

- Rechnen Sie jederzeit mit Unerwartetem.

Noch eine abschließende Bemerkung: „Zeitpolster" sind für Situationen gedacht, die wir steuern können. Verwenden Sie sie, wo es sinnvoll ist. Wenn Ihr Arbeitsschema Ihnen allerdings keinerlei Freiraum läßt, können Sie dieses Hilfsmittel von vornherein vergessen.

Zur Gewohnheitsbildung
Ein bequemes Zeitkissen stützt, wo es gebraucht wird. Geben Sie stets ein wenig zu, wenn Sie die Zeit schätzen, die Sie zum Erreichen Ihres Ziels brauchen werden. Tun Sie dies für sich selbst, um einen eigenen inneren Maßstab zu haben. Und schätzen Sie den Zeitbedarf stets für sämtliche Glieder der Kette.

Tip 3

**Lernen Sie, nein zu anderen
und ja zu sich selbst zu sagen**

*Ich muß die Uhr beherrschen
anstatt mich von ihr beherrschen zu lassen.*
Golda Meir

Sie haben ganz legitime Rechte, Bedürfnisse und Wünsche. Und letzten Endes wollen Sie Befriedigung finden und andere zufriedenstellen, indem Sie erledigen, wozu Sie sich verpflichtet haben, und auch das tun können, was Sie selbst gern tun möchten. Seien Sie gut zu sich selbst. Lernen Sie, das Denkmuster zu durchbrechen, das Sie glauben macht: „Ich werde gebraucht" und „Ich kann doch nicht nein sagen." Nur wenn Sie für sich das Recht beanspruchen, Grenzen zu setzen, sind Sie in der Lage, ein selbstbestimmtes Leben zu führen.

Die Möglichkeit eines Neins zu erkennen, ist der erste Schritt. Es hat einschneidende Folgen, wenn Sie Ihre Zustimmung zu einer Sache geben, die nicht zu verwirklichen ist. Sicher haben auch Sie das schon erlebt: Sie erklären sich bereit, etwas zu tun, obwohl eine leise innere Stimme warnt, daß Sie es bleibenlassen sollten. Und dann können Sie die übernommene Aufgabe nur schwer, nicht vollständig oder nicht rechtzeitig erfüllen. Das Gefühl „aus dem Bauch" hatte letzten Endes recht. Nun sitzen Sie da mit einem enttäuschten Partner, Kind oder Geschäftspartner und finden sich in der Rolle der Rücksichtslosen wieder, die andere warten läßt und alles nur halb tut.

Manchmal ist es besser, nein zu sagen. Sie haben richtig gelesen: Machen Sie in einem solchen Fall keine Zusage. Wenn Sie lernen, nein zu sagen, ohne sich vor einem Ehemann zu rechtfertigen oder sich einem Kind gegenüber schuldig zu fühlen, nehmen Sie lediglich das Recht auf Ihr Leben und Ihren Seelenfrieden in Anspruch. Sie können sich das Nein leichter machen, indem Sie es ein wenig versüßen, wie die folgenden Beispiele zeigen:

- Ich schlage einen anderen Termin vor:
  „Ich würde das sehr gern für dich tun, aber ich habe am Mittwoch und Donnerstag schon andere Verpflichtungen. Wenn es dir wichtig ist, könnte ich es bis nächsten Dienstag machen. Morgen geht es leider nicht."

- Ich hätte es früher wissen sollen:
  „Ich würde gern helfen, aber ich habe mich bei diesem Familienfest engagiert und kann es diesmal wirklich nicht machen. Hätte ich es ein paar Wochen früher gewußt, dann hätte ich entsprechend planen können."

- Ich kümmere mich darum, daß jemand anders einspringt:
  „Es ist mir an diesem Tag leider nicht möglich, aber ich kann Carol und Bonnie anrufen und fragen, ob sie Zeit haben."

- Ich verspreche zurückzurufen:
  „Ich muß erst mal in meinem Terminkalender nachsehen. Ich melde mich gleich wieder."

- Ich bin an diesem Tag beschäftigt:
  „Soviel ich weiß, habe ich an diesem Tag bereits andere Verpflichtungen. Ich werde es Sie noch wissen lassen."

- Ich kann nur einen Teil der Aufgabe erledigen:
  „Wenn wir den Termin am Mittwoch einhalten müssen, kann ich bis dahin den Teil über Methodik und Verfahren abschließen, aber das Kapitel Firmenpolitik wird bis zum nächsten Bericht warten müssen. Wir können bis Mittwoch nicht alles komplett haben. Sehe ich die Prioritäten richtig? Oder sollten wir es umgekehrt machen? Ich gehe davon aus, daß der vorgesehene Termin unumstößlich ist."

Wie Sie sehen, sage ich in einigen von diesen Beispielen nicht einfach nein. Ich sage, daß ich einen unmöglichen Termin nicht einhalten kann, beziehungsweise, daß ich ihn wohl einhalten kann, wenn ich von den gewünschten drei Themen nur zwei bearbeite. Ich sage, daß ich einer Bitte hätte nachkommen können, wenn ich früher davon gewußt hätte. Oder aber ich kann eine Aufgabe nicht selbst übernehmen, will aber helfen, jemanden zu finden, der Zeit hat. Es bleibt beim Nein, aber etwas versüßt ist es leichter zu schlucken. Und es ist immerhin gelungen, Grenzen zu ziehen.

Es geht hier darum, zu akzeptieren und zuzugeben, daß es grundsätzlich in Ordnung ist, nein zu sagen. Sie haben diese Wahl. Wenn Sie erkennen, wieviel Spielraum Sie haben, um zu manövrieren, können Sie Zeit gewinnen. Sagen Sie nein zu anderen und ja zu sich selbst.

Zur Gewohnheitsbildung
Wenn jemand Sie bittet, etwas zu tun, halten Sie inne, bevor Sie antworten. Überstürzen Sie Ihre Zusage nicht. Wenn Sie nein sagen müssen, tun Sie es eindeutig und versüßen Sie Ihre Absage. Machen Sie die Denkpause zu Ihrer zweiten Natur. Nehmen Sie sich Zeit, um die Sache zu überdenken. Wenn die Situation emotional zu stark belastet ist, bitten Sie Ihre Sekretärin, Ihren Chef oder Ihren Mann anzurufen und mit einer Entschuldigung abzusagen. Lernen Sie, auf Ihren „Bauch" zu horen. Wenn ein Nein die richtige Antwort ist, dann sagen Sie nein.

Tip 4

**Machen Sie das Beste
aus einer mißlichen Lage**

*Die wirklich wesentlichen Augenblicke
in seinem Leben erkennt man erst,
wenn es zu spät ist.*

Agatha Christie

Gewinnen ist nicht alles. Wenn man einmal erkannt hat, daß man keine Möglichkeit hat, eine Aufgabe zu übernehmen, macht man alles nur noch schlimmer, indem man den Kopf in den Sand steckt und sich vormacht, daß sich die Probleme schon von allein lösen werden. Wenn andere bei einem Projekt, einem Geschenk, einem Ausflug oder wobei auch immer auf Sie zählen und Sie erkennen, daß Sie sich zu viel aufgeladen haben, sollten Sie nicht zögern und den Betroffenen offen sagen, daß Sie sich nicht in der Lage sehen, Ihre ursprünglichen Pläne zu verwirklichen.

Eine Möglichkeit, den Ball ins Rollen zu bringen, besteht darin, offen zu sagen, daß man dies oder jenes nicht tun kann, und sich um Hilfe zu bemühen. Das ist kein Zeichen von Schwäche. Bieten Sie Alternativen an, zum Beispiel:

„Es tut mir leid, Susanne. Ich kann Max nächsten Dienstag nicht abholen. Meine Schwiegermutter kommt zu Besuch. Vielleicht kann Rita einspringen. Ihre Tochter hat ganz in der Nähe Ballettstunden. Soll ich sie anrufen?"

Hier noch ein paar besondere Winke:

- Geben Sie sich und anderen genügend Zeit. Warten Sie nicht bis zur letzten Minute.

- Machen Sie sich klar, was Sie erwartet, und entscheiden Sie, ob Sie eine Sache selbst erledigen können oder ob Sie einen Ausweg suchen müssen.

- Überlegen Sie sich Alternativen. Wer könnte wie, wo und wann an Ihrer Stelle einspringen?

- Überprüfen Sie die Alternativen, bevor Sie sie anbieten. Werden sie auch wirklich funktionieren?

- Erkennen Sie, wo sich Überraschungen zusammenbrauen, und kommen Sie ihnen zuvor.

Sie können nur Lösungen finden, wenn Sie die Sache im Auge behalten. Seien Sie sich selbst gegenüber ehrlich, wenn Sie eventuell nicht all Ihren Verpflichtungen nachkommen können. Schauen Sie ein oder zwei Wochen voraus, um überblicken zu können, was auf Sie zukommt. Wenn Sie sich sicher sind, daß Konflikte drohen, setzen Sie sich mit den Beteiligten in Verbindung und bieten Sie Ihnen konstruktive Alternativen. Wenn Sie jemanden enttäuschen müssen, tun Sie gut daran, es ihm so rechtzeitig zu sagen, daß er noch eine andere Lösung finden kann.

Zur Gewohnheitsbildung
- Schauen Sie voraus.
- Erkennen Sie entstehende Konflikte.
- Erarbeiten Sie Kompromißlösungen.
- Benachrichtigen Sie alle Beteiligten unverzüglich.
- Vermeiden Sie Überraschungen.

Tip 5

**Organisieren Sie feste Zeitblöcke
und reduzieren Sie Unterbrechungen**

*Sich zerstreuen bedeutet,
dem Bewußtsein aus dem Weg zu gehen,
daß die Zeit verrinnt.*

Gertrude Stein

Weltklassesportler in Aktion zeigen eine unheimliche Fähigkeit, sich zu konzentrieren. Sie sind imstande, „mit den Augen am Ball zu bleiben". Dies erreichen sie dadurch, daß sie sich jede Ablenkung verbieten, die ihre Konzentration unterbrechen würde.

Im Gegensatz zu sportlichen Wettkämpfen spielt sich das Leben jedoch nicht in einer kontrollierten Umgebung ab. Das Baby weint, das Telefon läutet, Freunde platzen herein. Und dennoch können Sie Einfluß auf Ihre Umgebung nehmen, indem Sie in der Zeit, die Sie sich für eine bestimmte Arbeit gesetzt haben, Unterbrechungen auf ein Minimum reduzieren. Unterbrechungen stehlen Ihnen Ihre Zeit, ohne zu fragen. Also ist es vollkommen legitim, sie wie rücksichtslose Zeiträuber zu behandeln. Machen Sie den Leuten, die Sie bei der Arbeit stören, höflich aber bestimmt klar, daß sie Ihre Zeit mit Beschlag belegen.

Die Hauptverursacher von Unterbrechungen sind erstens Sie selbst, zweitens das Telefon und erst drittens andere Leute. Die größten Unterbrechungen sind oft selbstverursacht. Wir träumen in den Tag hinein, knabbern dies und das, dösen ein wenig, lassen eine wichtige Arbeit zugunsten einer unwichtigen liegen oder tun etwas, das uns gerade Spaß macht, obwohl wir es uns lieber als Belohnung für getane Arbeit aufsparen sollten. Es wird

Ihnen leichter gelingen, dieses Verhalten einzudämmen, wenn Sie es sich zunächst einmal zugestehen: „Na ja, das ist menschlich" – aber – „Ich habe es jetzt satt. Ich werde die Unterbrechungen auf später verschieben." Wenn Sie auf diese Weise Verantwortung übernehmen und sich auf die anstehende Arbeit konzentrieren, werden Sie Ihr Leben bereichern und Ihre Tage um viele Stunden verlängern.

Der zweite große Unterbrecher ist das Telefon. Mit Hilfe eines Anrufbeantworters, der Sie abschirmt, können Sie es unter Kontrolle bekommen. Oder Sie beauftragen eine Sektretärin, die Anrufe entgegenzunehmen. Sie können sich auch Schlüsseltechniken zu eigen machen, um die eingehenden Anrufe kurz zu halten. Ich werde sie unter Tip 6 erläutern. Eigene Telefonate sind leichter zu steuern, da Sie selbst die Anrufe tätigen, das Gespräch beginnen und auch dessen Inhalt und Dauer bestimmen.

An dritter Stelle stehen Unterbrechungen durch andere: Freunde, die mal eben vorbeikommen, Mitarbeiter, die für einen kleinen Schwatz reinschauen, das Kind, das Zuwendung fordert, und der Kunde, der Sie und Ihre gesamte Zeit für sich allein beansprucht. Solche Unterbrechungen können Sie dadurch begrenzen, daß Sie den Leuten deutlich machen: Ich bin gern bereit, mich mit

Ihrem Anliegen zu befassen. Es ist auch mir wichtig und ich werde mir Zeit dafür nehmen. Nur im Moment ist es mir leider nicht möglich. Diese Strategie erübrigt sich natürlich, wenn Sie die Sache an Ort und Stelle abhandeln können.

Es ist durchaus nichts gegen eine Politik der geschlossenen Tür einzuwenden, wenn Sie diese eine Zeitlang verfolgen, um eine Aufgabe ohne Unterbrechung durchziehen zu können. Der wesentliche Punkt hierbei ist, daß Sie Unterbrechungen eindämmen, indem Sie sie als solche erkennen und die Situation unter Kontrolle bekommen, so daß Sie sich wieder auf die anstehende Arbeit konzentrieren können.

Hier ein paar Vorschläge zum Umgang mit Unterbrechungen:

- Setzen Sie eine Zeitgrenze:
  „Das klingt gut, Jim, aber ich muß in wenigen Minuten aus dem Haus. Kannst du mir ganz kurz darüber berichten?"

- Bieten Sie einen Termin an, über den Sie bestimmen:
  „ Ich freue mich sehr, dich zu sehen, Sally, und ich will gern mit dir über das Problem in der Registratur sprechen, aber ich stecke gerade mitten in einer Arbeit, mit der ich in einer Stun-

de fertig sein muß. Bist du heute um halb drei frei? Dann komme ich bei dir vorbei."

„Jessica, Mama ist gerade beschäftigt. Mal doch dein Bild fertig. Ich komme in zehn Minuten in dein Zimmer. Dann bringen wir das Puppenhaus in Ordnung."

Hüten Sie sich vor gängigen Ablenkungen, zum Beispiel einem Radio oder Fernseher oder einer laufenden Waschmaschine in Hörweite. Geräusche können Ihre Konzentration erheblich stören. Behandeln Sie sie genau wie alle anderen Unterbrechungen.

Marion, eine Mutter von vier Kindern, weiß die durch nichts unterbrochene Zeit nach neun Uhr abends zu schätzen. Sie bezahlt dann ihre Rechnungen, räumt Kleidung auf, macht Listen. Ihr sind zehn Minuten am Abend soviel wert wie fünfundzwanzig am Vormittag. Indem Sie, wie Marion, die Zeitspannen ohne Unterbrechungen vermehren und nutzen, verlängern Sie Ihre Tage um Stunden. Tun Sie Ihr Bestes.

Zur Gewohnheitsbildung
Erkennen Sie Unterbrechungen als solche, denn sie stehlen Ihnen Ihre Zeit. Behandeln Sie sich selbst, den Anrufer und andere Eindringlinge freundlich, aber bleiben Sie fest und halten Sie sich an Ihren Arbeitsplan.

Tip 6

Das Telefon – Ihr Freund und Ihr Feind

... saß vor dem Telefon, starrte es an, wartete darauf, daß es zum Leben erwachen würde, hoffte, flehte und hob von Zeit zu Zeit den Hörer, um sich zu überzeugen, daß es nicht defekt war.

Edna O'Brian

Das Telefon scheint ein Eigenleben zu haben. Es kann Ihnen Fröhlichkeit, Traurigkeit, Freude oder Frustration bringen. Obwohl es nur ein lebloser Gegenstand ist, verlangt es Ihre ganze Aufmerksamkeit. Es kann zum schlimmsten Zeiträuber werden, wenn Sie nicht lernen, es unter Kontrolle zu halten.

Hier einige Hinweise, wie Sie das Telefon zu Ihrem Freund machen und selbst bestimmen können, wieviel Zeit Sie am Telefon verbringen:

- Schalten Sie den Anrufbeantworter ein oder bitten Sie jemanden, die Anrufe abzufangen.

- Planen Sie Ihre eigenen Anrufe für eine bestimmte Tageszeit und erledigen Sie sie alle nacheinander.

- Rufen Sie kurz vor dem Mittagessen oder am späten Nachmittag an. Zu diesen Zeiten sind den Gesprächspartnern kurze Anrufe nur lieb.

- Rufen Sie vorzugsweise zurück. Damit haben Sie die Sache selbst in der Hand.

- Hinterlassen Sie detaillierte Botschaften für andere und erbitten Sie gleiches für sich selbst. Auf diese Weise sind beide Seiten besser auf das Gespräch vorbereitet.

- Wenn Sie jemanden zu einer vereinbarten Zeit anrufen, dann lassen Sie nicht zu, daß man Sie warten läßt, es sei denn, das Gespräch ist in erster Linie für Sie selbst wichtig.

- Legen Sie fest, wie lange der Anruf dauern darf, und kontrollieren Sie seine Dauer mit der Stoppuhr.

- Entwickeln Sie abschließende Formulierungen wie:
  Kann ich noch etwas für Sie tun?
  Ich will Sie nicht länger aufhalten.
  Gibt es noch etwas, worüber wir reden sollten?
  Es tut mir leid, daß ich mich so kurz fassen muß, aber ich arbeite im Augenblick gegen die Uhr.
  Bevor wir schließen ...
  Ich habe jemanden in meinem Büro ...

- Erledigen Sie, was immer möglich ist, per Telefon. So sparen Sie Zeit zugunsten von Verhandlungen, die von Angesicht zu Angesicht geführt werden müssen.

- Schalten Sie den Anrufbeantworter schon ein paar Minuten, bevor Sie Ihr Haus oder Büro verlassen, ein. Dann können Sie Ihren Zeitplan auf jeden Fall einhalten.

- Benutzen Sie ein Faxgerät und schreiben Sie Briefe, um Zeit am Telefon einzusparen.

Am Telefon verliert man leicht den Zeitfaden. Seien Sie sich bewußt, wieviel Zeit Sie für ein Telefongespräch aufwenden, und setzen Sie Ihren Ehrgeiz in Qualität statt Quantität. Viele Dinge können Sie telefonisch erledigen, anstatt zu einem Geschäft zu fahren und Zeit in Staus zu verlieren. Meine Cousine zum Beispiel benutzt das Telefon für vielerlei: „Was immer möglich ist, erledige ich telefonisch. Ich bestelle Blumen, Luftballons, Eintrittskarten für Veranstaltungen und Geschenke."

Das Telefon muß also kein Zeiträuber sein, wenn Sie seinen Zugriff auf Sie beschränken und Ihre Gespräche im Griff haben. Da es Ihnen die Möglichkeit gibt, mehrere Dinge auf einmal zu erledigen, kann es Ihnen zu Zeit im Überfluß verhelfen.

Zur Gewohnheitsbildung
- Ihr Anrufbeantworter kann Ihnen durch das Abfangen von Anrufen Zeit sparen.
- Achten Sie darauf, wieviel Zeit Sie für Ihre einzelnen Telefonate brauchen.
- Planen Sie bestimmte Zeiten für Ihre eigenen Anrufe ein. Es hat Vorteile, wenn die Initiative von Ihnen ausgeht: Sie sind besser auf das Gespräch vorbereitet und können dessen Verlauf und Inhalt bestimmen.
- Gebrauchen Sie wirksame Formulierungen, um Gespräche zu beenden.

Tip 7

Seien Sie erreichbar

Ohne Disziplin ist das Leben nicht möglich.
Katherine Hepburn

Sie ist in einer Sitzung
Sie ist eben weggegangen.
Sie kommt heute nicht mehr ins Büro zurück.

Wie viele Male haben Sie versucht, jemanden zu erreichen, von dem Sie wußten, daß er sich irgendwo auf diesem Planeten aufhalten muß – obwohl er einfach nicht aufzufinden war? Es gibt wirklich keine Entschuldigung dafür, daß wir unerreichbar sind. Im Gegenteil: Die moderne Technik macht es sogar ganz schön schwierig, sich zu verstecken.

Warum ist es so wichtig, erreichbar zu sein? Es spart Zeit. Manche Dinge werden erst dadurch kompliziert und manche Probleme entstehen nur, weil „Sie nicht da waren".

Sie können Anrufe abfangen, sich auf die anstehenden Aufgaben konzentrieren und Unterbrechungen reduzieren, wenn Sie Ihren Anrufbeantworter eingeschaltet lassen. Es ist jedoch wichtig, daß Sie zugänglich bleiben. Sie sollten sich bemühen, noch am selben Tag zurückzurufen oder sich auf andere Weise mit den Anrufern in Verbindung zu setzen. Dies gibt ihnen das Gefühl, wichtig für Sie zu sein und Sie erreichen zu können.

Jeder möchte wichtig sein. Wenn sie keine Verbindung zu Ihnen aufnehmen können, bekommen die

Leute das Gefühl, Ihnen nichts zu bedeuten. Wer allzu beschäftigt ist, erweckt leicht den Eindruck: „Du bist mir nicht wichtig." Es ist schließlich schwer zu glauben, daß jemand zu beschäftigt ist, um sich noch am selben Tag bei Freunden, Kollegen oder Verwandten melden zu können. Auch wenn Freunde nur eine Nachricht hinterlassen, die gemeinsame Pläne für das Wochenende betreffen, sollten Sie versuchen, noch am selben Abend zurückzurufen.

Hier ein paar Vorschläge, wie Sie die Verbindung aufrechterhalten und erreichbar sein können:

- Schaffen Sie sich ein Autotelefon an.

- Rufen Sie jeden Anrufer noch am selben Tag zurück.

- Informieren Sie Ihre Sekretärin und Ihre Familie darüber, wo Sie zu erreichen sind.

- Geben Sie alle Telefonnummern an, unter denen Sie zu erreichen sind.

Indem Sie rücksichtsvoll und zugänglich sind, erlangen Sie die Freiheit, eher da zu sein, wo Sie sein wollen, als da, wo Sie sein müssen. Fazit: Wo immer Sie sind, bleiben Sie in Verbindung.

Zur Gewohnheitsbildung
Machen Sie es sich zur Gewohnheit, hinterlassene Nachrichten zu überprüfen und sich sofort mit den entsprechenden Leuten in Verbindung zu setzen.

Tip 8

Geben Sie Ihrer Familie Hilfe zur Selbsthilfe

Lernen Sie, in Berührung mit der Stille in Ihrem Inneren zu kommen und wissen Sie, daß alles in diesem Leben einen Sinn hat. Es gibt keine Fehler, keine Zufälle. Alle Ereignisse sind Segnungen, aus denen wir lernen sollen.

Elisabeth Kübler-Ross

Wir alle wollen gebraucht werden. Und dennoch kommt die Zeit, wo wir aufhören müssen, den anderen alles abzunehmen, damit sie lernen können, selbst für sich zu sorgen. Das bedeutet nicht, daß Sie sich von der Fürsorge für Ihre Familie zurückziehen. Im Gegenteil: Sie machen ihr ein großes Geschenk, indem Sie den Familienmitgliedern die Möglichkeit geben, eigenverantwortlich für sich selbst zu sorgen.

Denken Sie einmal darüber nach. Allein in Ihrem Zuhause tragen Sie vermutlich die Verantwortung für mindestens dreißig Tätigkeiten, die Sie organisieren, koordinieren beziehungsweise selbst erledigen:
Babysitter organisieren
Kinder baden
Kleidung für Mann und Kinder kaufen
Zimmer putzen
Kochen
Für Disziplin sorgen
Geschirr spülen
Staub wischen
Essen kochen
Tiere füttern
Im Garten arbeiten
Kleidung zur Reinigung bringen
Lebensmittel einkaufen
Den Kindern bei den Hausarbeiten helfen
Überwachen, was nachgekauft werden muß

Wäsche waschen
Die Finanzen verwalten
Rechnungen bezahlen
Hinter der Familie herräumen
Speisepläne aufstellen
Spiele für die Kinder organisieren
Fußböden schrubben
Fenster putzen
Post öffnen und sortieren
Staubsaugen
Pflanzen gießen

Vermutlich sind Sie schon vom Lesen dieser Liste außer Atem. Hier sind ein paar Mittel und Wege, die Sie einsetzen können, um Ihrer Familie Hilfe zur Selbsthilfe zu geben:

- Halten Sie an einem gut zugänglichen Platz handliche Einzelportionen für die Zwischenmahlzeiten Ihrer Kinder bereit. Dann müssen Sie nicht jede einzelne davon neu zubereiten.

- Hängen Sie eine Tafel an einem gut zugänglichen Platz auf. Darauf können alle Mitglieder des Haushalts notieren, welche Artikel zur Neige gehen und was eingekauft oder repariert werden muß. Sehen Sie sich die Liste immer an, bevor Sie Lebensmittel einkaufen oder sonstige Besorgungen machen.

- Veranlassen Sie Ihre KInder, ihre schmutzige Wäsche selbst in den Wäschekorb zu werfen.

- Bewahren Sie die Küchenutensilien an einem festgelegten Platz auf, so daß keine Zeit mit Suchen verlorengeht.

- Hängen Sie einen wöchentlichen oder monatlichen Arbeitsplan an gut sichtbarer Stelle (vielleicht an der Kühlschranktür) auf. Diesem Plan sollen alle Mitglieder der Familie entnehmen können, für welche Arbeiten – zum Beispiel Tisch decken, Mülleimer leeren, Geschirr oder Wäsche waschen – sie jeweils zuständig sind. Verteilen Sie die Aufgaben fair und geben Sie, soweit möglich, jedem die Arbeiten, die er gern erledigt.

- Handeln Sie mit Ihrem Mann und den älteren Kindern aus, wer an welchen Abenden kocht.

- Bringen Sie Ihrer Familie bei, mit den elektrischen Geräten umzugehen.

- Legen Sie eine Zeit fest, zu der die Familie die Lösung gemeinsamer Probleme bespricht.

- Investieren Sie in einen Gefrierschrank, damit Sie notfalls auf fertige Mahlzeiten zurückgreifen können.

- Vergleichen Sie einmal pro Woche Ihren eigenen Terminkalender mit denen Ihres Mannes und Ihrer Kinder, um die verschiedenen Aktivitäten der Familie zu koordinieren.

Wenn Sie Ihrer Familie die Möglichkeit geben, für sich selbst Sorge zu tragen, werden auch Sie genug Zeit haben, für sich selbst zu sorgen. Fühlen Sie sich nicht schuldig. Sie brauchen diese Zeit, um sich zu erholen – und Sie haben sie verdient. Wer soll sich schließlich um Sie kümmern, wenn nicht einmal Sie selbst es tun?

Zur Gewohnheitsbildung
Finden Sie Mittel und Wege, um Ihre Familie an Hausarbeiten wie Kochen, Putzen, Waschen, Einkaufen und sonstigen Besorgungen zu beteiligen.

Tip 9

**Niemand putzt seine Zähne
zum Vergnügen.
Es ist eine Notwendigkeit.**

*Wassertropfen
Bilden den riesigen Ozean,
Sandkörner
das liebliche Land.
Und so sind es Minuten,
kurze Augenblicke nur,
aus denen die Ewigkeit entsteht.*

Julia Carney
Little Things

Ich freue mich eigentlich nie aufs Zähneputzen. Es ist eine Gewohnheit. Also tue ich es einfach, ohne einen Gedanken daran zu verschwenden.

Wie schafft man sich Freiräume, um sein Leben genießen zu können? Das Geheimnis besteht darin, sie mit derselben Regelmäßigkeit zu planen, mit der man seine Zähne putzt. Machen Sie eine regelmäßige Bestandsaufnahme Ihrer Pflichten – und Sie werden sehr viel mehr davon erledigen in sehr viel weniger Zeit als je zuvor.

Machen Sie sich jeden Abend zu einer bestimmten Zeit eine Liste der Dinge, die Sie am nächsten Tag erledigen müssen. (Wenn Sie ein Morgenmensch sind, können Sie die zu erreichenden Ziele auch zu Beginn eines jeden Tages festlegen.) Machen Sie sich Gedanken darüber, wie Sie die Aufgaben, die Sie aufgelistet haben, am besten angehen. Beginnen Sie den nächsten Tag damit, sich Ihre Aufgabenliste anzusehen, und greifen Sie auch tagsüber regelmäßig darauf zurück, um nicht vom Weg abzukommen. Klopfen Sie sich jedesmal anerkennend auf die Schulter, wenn Sie einen Punkt abhaken können.

Gratulieren Sie sich am Ende des Tages für all das, was Sie erledigt haben. Sie werden freudig überrascht feststellen, wie viel Sie erledigt haben. Punkte, die Sie nicht abhaken konnten, nehmen

Sie in die Liste für den folgenden Tag auf. Sie sollten allerdings auch darüber nachdenken, warum Sie sie nicht erledigen konnten.

Wie das Zähneputzen, sollte auch das tägliche Planen, Durchgehen und Revidieren Ihrer Verpflichtungen nicht mehr als ein paar Minuten in Anspruch nehmen. Und so etablieren Sie die Gewohnheit:

Zunächst erstellen Sie eine Liste, in die Sie alles zu Erledigende aufnehmen, das Ihnen einfällt – bevorstehende Geburtstage, geschäftliche Vorhaben, persönliche Telefonate, Briefe und so weiter und so fort. Was Ihnen nicht gleich einfällt, fügen Sie einfach nach und nach hinzu.

Dann setzen Sie Prioritäten und machen sich ans Werk. Haken Sie die jeweils erledigten Punkte ab und nehmen Sie die nicht erledigten in die Liste des folgenden Tages auf. Vorhaben, die immer übrigbleiben und anscheinend nie realisiert werden, sollten Sie streichen. Sie sind offensichtlich gar nicht so wichtig. Wenn Sie so vorgehen, werden sehr wenige Punkte länger als zwei oder drei Tage auf Ihrer Liste stehen.

Vielleicht haben Sie auch Lust, eine Technik anzuwenden, die Tom Peters in seinem Buch *In Search of Excellence – Thriving on Chaos* beschreibt:

Sie legen eine bestimmte Zeit in Ihrem Tagesprogramm fest, in der Sie sich mit sich selbst verabreden, um anstehende Dinge mit sich selbst zu besprechen – Sie konferieren also mit sich selbst. Das können Sie am Frühstückstisch tun, im Bus oder sogar in der Badewanne. Es ist Ihre Zeit.

Vergessen Sie nicht, auch Freizeitaktivitäten auf Ihre Liste zu setzen. Sie verdienen schließlich Belohnung für Ihre Leistungen!
Bewahren Sie Ihre vollständige Aufgabenlisten auf und gehen Sie sie nach ein paar Wochen nochmals durch. Sie werden verblüfft sein, wieviel Sie geleistet – und wieviel Zeit Sie gewonnen haben!

Zur Gewohnheitsbildung
Machen Sie sich täglich eine Aufgabenliste, indem Sie die Liste vom Vortag auf den letzten Stand bringen. Setzen Sie Prioritäten. Kombinieren Sie Aufgaben, soweit das möglich ist. Streichen Sie Vorhaben, die sich anscheinend nie realisieren. Stellen Sie sicher, daß auch Ihre Freizeitaktivitäten auf der Liste stehen. Verfolgen Sie Ihre Fortschritte aufmerksam.

Tip 10

**Das Wichtigste zuerst –
alles eine Frage der Prioritäten**

*Ein Sandkorn nach dem anderen treibt vorbei,
Augenblick um Augenblick zerrinnt die Zeit;
Sie kommen und sie gehen;
Strebe nicht danach, sie alle zu fassen.*

Adelaide Proctor
One by One

Haben Sie sich je gefragt, wie ein Jongleur arbeitet? Wie gelingt es ihm, mehrere Bälle in der Luft zu halten und nach und nach sogar weitere hinzuzufügen? Nun, seine erste Priorität ist der Ball, der seine Hand berührt. Er fängt ihn und wirft ihn hoch. Winkel und Höhe müssen genau stimmen, damit der Ball im richtigen Augenblick wieder in seine Hand fällt. Würde er sich einfallen lassen, alle Bälle auf einmal anzusehen, könnte er sich nicht mehr konzentrieren und die Kette würde reißen.

Dieselbe Regel gilt für alles, was wir tun. Wir müssen entscheiden, was am wichtigsten ist, was als nächstes kommt und was warten kann. Die Prioritäten hängen davon ab, wie wir die Konsequenzen einschätzen, die sich aus den verschiedenen Aktivitäten ergeben. Die Beantwortung folgender Fragen kann Ihnen helfen zu entscheiden, wann etwas stattfinden soll, was dazu benötigt wird und welches Ergebnis erwartet wird. Fragen Sie sich: „Wer wird enttäuscht sein?" „Werden wir Einbußen hinnehmen müssen?" und – die entscheidende Frage – „Was kann schlimmstenfalls geschehen, wenn ich das nicht tue?" Seien Sie sich selbst gegenüber ehrlich und legen Sie Ihre Prioritäten den Antworten entsprechend fest. Gönnen Sie sich auch Pausen. Wenn etwas nicht wichtig ist, dann tun Sie es nicht. Machen Sie Abstriche, wo immer es möglich ist.

Geistige Disziplin ist notwendig, wenn Sie Prioritäten setzen wollen. Häufig müssen Sie Ihre Annahmen noch einmal überdenken. Es genügt nicht, sich die erwähnte entscheidende Frage zu stellen. Verwenden Sie die eine oder andere Form des ABC-Prioritätensystems, um Aktivitäten nach ihrer Wichtigkeit einstufen zu können. Dieses System unterteilt die Aktivitäten in drei Kategorien: A = besonders wichtig, B = wichtig und C = nicht so wichtig. Ein typischer Tag könnte zum Beispiel so aussehen:

A – Besonders wichtig:
   Tochter zum Arzt bringen
   Für den morgigen Termin beim Steuerberater Belege für die Steuererklärung zusammenstellen

B – Wichtig:
   Das Haus putzen, weil abends Gäste kommen
   Lebensmittel einkaufen

C – Nicht so wichtig:
   Geburtstagsgeschenk für Cheryl kaufen
   Zur Post gehen
   Den Wagen zur Inspektion bringen

Meine Freundin Kathy markiert Ihre Prioritäten mit bunten Stiften und erhält so ein farbiges Bild. Rita benutzt das ABC-Prioritätensystem und umrahmt die Aktivitäten, die Geld bringen, mit Gold und die anderen mit Rot. Finden Sie die Methode, die Ihnen am meisten liegt.

Erledigen Sie die wichtigsten Dinge zuerst, um Ihre eigene Zeit besser einteilen zu können. Prüfen Sie zunächst, ob eine Aufgabe eventuell delegiert werden kann. Wenn das nicht möglich ist, bestimmen Sie, welche Priorität ihr zukommt. Hierzu müssen Sie Termine, Spielraum, Dringlichkeit und die Erwartungen aller Beteiligten in Betracht ziehen. Letzten Endes hängt die Frage, ob eine Sache es wert ist, daß man sich mit ihr befaßt, von der Antwort auf die entscheidede Frage ab: Was kann schlimmstenfalls geschehen, wenn ich es nicht tue?

Denken Sie an das Sprichwort: Wer beginnt zu viel, kommt selten zum Ziel.

Zur Gewohnheitsbildung
Stellen Sie sich stets die folgenden vier Fragen:
- Tue ich das Wichtigste zuerst?
- Wie dringend ist diese Aufgabe?
- Wie kann ich erreichen, daß jemand anders diese Arbeit übernimmt?
- Was kann schlimmstenfalls geschehen, wenn ich dies nicht tue?

Tip 11

Planen Sie Ihre Zeit – auch die freie

*Es ist gut, ein Ziel vor Augen zu haben.
Doch letzten Endes ist es der Weg, der zählt.*
Ursula K. Le Guin

Es genügt nicht, Vergnügungen irgendwie im Zeitplan unterzubringen. Was Spaß macht, sollte Vorrang haben und fest eingeplant werden.

Schon Benjamin Franklin sagte: „Zeit ist der Rohstoff, aus dem das Leben gemacht wird." Unser Leben hat mannigfaltige Aspekte: Familie, Freunde und Arbeit, spirituelle, religiöse, kulturelle, sportliche und intellektuelle Interessen. Wir alle versuchen ständig, all das irgendwie unter einen Hut zu bringen. Es ist an Ihnen, alle Aspekte Ihres komplexen Lebens ins Gleichgewicht zu bringen.

Obwohl das Erstellen eines Zeitplans für unsere freie Zeit ein Widerspruch in sich zu sein scheint, sollten Sie genau das tun, wenn Sie wirklich Zeit zur Verfügung haben wollen. Zunächst sollten Sie sich klar darüber werden, was Ihnen wirklich Spaß macht. Listen Sie alle Aktivitäten auf, denen Sie gern nachgehen würden, wenn Sie mehr Zeit hätten, zum Beispiel: Tennisspielen, Malen, Wandern, Musizieren, Theaterspielen und so weiter. Denken Sie darüber nach, wie Sie sie in Ihren Zeitplan einbauen können.

Dorothy, Börsenmaklerin, Ehefrau und Mutter, drückt es so aus: „Wählen Sie etwas aus, das Sie gern tun und das Ihnen fehlt, wenn Sie es nicht tun. Legen Sie einen Termin dafür fest. Dann wird es zu einer Verpflichtung."

Wie wäre es, wenn Sie an den Wochenenden einen Nachmittag reservieren würden, um Freunde zu besuchen oder ins Kino zu gehen? Räumen Sie diesem Vergnügen Vorrang ein und erklären Sie den entsprechenden Nachmittag zur Tabuzone für sämtliche Verpflichtungen. Nur Arbeit und überhaupt kein Vergnügen macht das Leben öde und Sie unglücklich. Sie haben Besseres verdient. Seien Sie sich dessen bewußt und leben Sie es. Betrachten Sie Ihre Freizeit als einen wertvollen Schatz, der Sie belebt und verjüngt. Schließlich sind es die besonderen Augenblicke, die unser Leben lebenswert machen. Erinnern Sie sich an Ihre schönsten Stunden und sorgen Sie dafür, daß Sie auch für die Zukunft genügend Raum für schöne Stunden schaffen.

Ein positiver Nebeneffekt Ihres Zeitplans für Freizeitaktivitäten ist, daß er hilft, Grenzen zu setzen. Ein Beispiel: Eine Freundin hatte mich zum Abendessen eingeladen, ohne festzulegen, wie lange der Abend dauern sollte. Ich schaute mir meinen Zeitplan für den nächsten Tag an und stellte fest, daß ich morgens um acht Uhr Tennis spielen wollte. Daher beschloß ich, nicht länger als bis etwa zehn Uhr bei ihr zu bleiben. Am nächsten Morgen war ich ausgeruht genug für ein gutes Spiel und hatte auf diese Weise zwei Freizeitaktivitäten voll und ganz genossen.

Begehen Sie nicht den Fehler, den so viele machen, die nicht imstande sind, ihre Freizeit zu genießen. Menschen, die sich nur mit ihrer Arbeit identifizieren, sind unfähig zu menschlichen Kontakten und tun sich schwer mit Stille und Alleinsein. Und doch sind es gerade Stille und Alleinsein, die uns Gelegenheit zum Nachdenken geben und uns neu beleben. Jeder Mensch verdient Ruhe. Selbst Gott ruhte einen Tag, nachdem er sechs Tage lang gearbeitet hatte.

Hier ein paar Vorschläge, wie Sie sich in Ihrer freien Zeit geistig stärken können:

- Machen Sie einen langen, geruhsamen Spaziergang.

- Nehmen Sie ein entspannendes Bad.

- Lesen Sie ein anregendes Buch.

- Nehmen Sie einen Tag Urlaub und verbringen Sie ihn allein an einem Ort, der Ihnen sehr gut gefällt.

- Treiben Sie Sport und verausgaben Sie sich körperlich.

- Nehmen Sie Unterricht auf einem Gebiet, das Sie schon immer interessiert hat.

- Verwöhnen Sie sich mit einer Massage oder mit einem Besuch beim Friseur.

- Laden Sie sich selbst zum Essen oder ins Kino ein.

Freie Stunden sind kostbar. Schaffen Sie freie Stunden nur für sich selbst.

Zur Gewohnheitsbildung
Machen Sie es sich zur Gewohnheit, Ihre gesamte Zeit zu planen. Geben Sie Ihrem persönlichen Freizeitvergnügen einen hohen Stellenwert. Planen Sie es im voraus und legen Sie eine Zeit dafür fest.

Tip 12

**Elefanten haben ein gutes Gedächtnis,
Menschen nicht**

*Du Vogel der Zeit
auf deinem fruchttragenden Zweig,
Was sind das für Lieder, die du da singst?*
Sarofini Naidu
The Bird of Time

„Ich muß mal eben in meinem Terminkalender nachsehen." Ich wette, die Person, die das sagt, hat ihr Leben unter Kontrolle und ist sich ihrer Verpflichtungen bewußt, bevor sie neue eingeht. Unter Kontrolle ... Das ist das Schlüsselwort! Wer einen Terminkalender hat und ihn auch konsultiert, verläßt sich nicht auf sein Gedächtnis, sondern hält seine Verpflichtungen, Pläne und Prioritäten schriftlich fest. Das sollten auch Sie tun.

Von Sigmund Freud wird behauptet, er habe seine eigene Telefonnummer nicht gekannt. Es schien ihm überflüssig, sie im Gedächtnis zu behalten, denn schließlich hatte er sie aufgeschrieben. Er kannte also seine Grenzen. In unserem Leben spielt sich so viel ab und ständig müssen wir neue Informationen verarbeiten. Da versteht es sich von selbst, daß niemand scharf ist auf die zusätzliche Belastung, die der Versuch, sämtliche Termine und Vorhaben im Gedächtnis zu behalten, mit sich bringen würde. Gönnen Sie Ihrem Geist eine Pause und schreiben Sie sich auf, was Sie nicht vergessen dürfen.

Ein Terminkalender ist ein nützliches Instrument zur Schulung Ihres Gedächtnisses, vorausgesetzt Sie benutzen ihn auch wirklich. Das heißt, Sie bringen ihn regelmäßig auf den neuesten Stand und konsultieren ihn dann ebenso regelmäßig – mindestens zweimal am Tag. Ja, auch an den Wochenenden. Ihr Terminkalender ist das wichtigste Hilfsmittel, wenn es darum geht, einen Zeitplan zu erstellen und die Prioritäten darauf festzulegen. Wenn Ihnen ein Kalender nicht zusagt, dann machen Sie sich Notizen an einer Stelle, die Sie mehr oder weniger den ganzen Tag über im Blick haben.

Sie können Ihren Terminkalender auch nutzen, um Informationen zu „lagern", auf die Sie immer wieder zurückgreifen müssen. Notieren Sie sich zum Beispiel den Weg zu einem Kunden, wenn Sie ihn zum erstenmal aufsuchen. Wenn Sie diesen Weg später noch einmal finden müssen, brauchen Sie nur unter dem Datum Ihres ersten Besuchs nachzusehen. Natürlich können Sie sich auch auf Ihr Gedächtnis verlassen oder im Zweifelsfall immer wieder bei der Empfangsdame Ihres Kunden anrufen, wenn Sie den Weg dann doch nicht mehr finden.

Manche Leute finden es schwierig, anderen klar zu machen, daß sie Verpflichtungen erst eingehen können, nachdem sie ihren Terminkalender zu Rate gezogen haben. Hier sind ein paar Formulierungen, auf die Sie bei Bedarf zurückgreifen können:

„Ich werde zurückrufen, sobald ich in meinem Terminkalender nachgesehen habe."

„Ich kann den Termin provisorisch festlegen und mir eine entsprechende Notiz machen. Sollten sich Überschneidungen mit meinem Terminkalender ergeben, werde ich später zurückrufen."

Sie können Ihren Kalender auch als Instrument zur nachträglichen Überprüfung beziehungsweise Weiterbearbeitung benutzen, zum Beispiel, um eine mündliche Information oder ein Telefongespräch kurz schriftlich zu bestätigen. Oft wird eine mündliche Mitteilung vergessen, während eine schriftlich festgehaltene präsent bleibt.

Betty, eine Frau in den mittleren Jahren mit vielerlei Interessen und Verpflichtungen, unterteilt ihren Terminkalender in die Rubriken „In Ordnung bringen", „Kaufen", „Erledigen" und „Anrufen". Sie notiert hier sogar die Geburtstage, die in den jeweiligen Monaten zu erwarten sind, um die Besorgung von Geschenken und den Versand von Glückwunschkarten einplanen zu können.

Notieren Sie alles in Ihrem Terminkalender und konsultieren Sie diesen recht oft. Das geschriebene Wort ist nur dann von Nutzen, wenn wir es auch lesen.

Zur Gewohnheitsbildung
Legen Sie sich einen ausführlichen Terminkalender an. Gehen Sie neue Verpflichtungen erst ein, nachdem Sie hineingeschaut haben.

Tip 13

**Warum wir zwei Ohren
und nur einen Mund haben**

Einem Menschen zuzuhören, den wir vor uns haben, ist ganz und gar nicht dasselbe, wie seinen Worten über ein Wiedergabegerät zu lauschen. Was wir hören, wenn wir ein Gesicht vor uns haben, ist nie und nimmer das, was wir vom Tonband hören würden.

Oriana Fallaci

Ihr Leben wird reicher werden, wenn Sie lernen, das zu hören, was die Menschen wirklich sagen, anstatt bei dem stehenzubleiben, was sie Ihrer Meinung nach sagen. Wenn Sie nicht zuhören können, riskieren Sie, unnötig viel Verantwortung auf sich zu nehmen oder Dinge zu tun, von denen Sie annehmen, daß der andere sie wünscht. Und das kann etwas ganz anderes sein, als was tatsächlich von Ihnen erwartet wird! Indem Sie wirklich zuhören, können Sie erkennen, ob jemand Zuneigung, Mitgefühl, Unterstützung, Ihre Meinung, Ihr Handeln oder ganz einfach Ihre Gesellschaft sucht. Eventuell brauchen Sie gar nichts zu tun. Sorgfältiges Zuhören kann also auch zeitsparend sein.

Zuhören scheint harte Arbeit zu sein, denn immerhin gab uns Gott nicht nur eines, sondern zwei Ohren. Und die beiden Augen leisten ebenfalls ihren Beitrag. Worte allein können nicht das ganze Bild wiedergeben. Auch was Menschen nicht sagen oder wie sie etwas sagen, kann von großer Bedeutung sein.

Hier ein Beispiel: Eine neue Nachbarin fragte meine Freundin Laura, ob sie in den nächsten Tagen ihre Kinder vom Turnen abholen könne, da sie selbst verreist sei. Laura stimmte nur zögernd zu, denn sie hatte von ihrem Sohn gehört, welche Probleme der Nachbarsjunge in der Schule machte.

Die Nachbarin ignorierte ihr Widerstreben und redete weiter. Sie fragte, ob meine Freundin helfen könne, eine Spendenaktion für die lokale Klinik auf die Beine zu stellen. Während Laura noch zögerte, beendete die Nachbarin das Gespräch mit einer Einladung: „Kommen Sie doch am Dienstag morgen zum Kaffee. Dann können wir die Einzelheiten besprechen."

Was war hier falsch gelaufen? Zunächst einmal hatte die Nachbarin die Körpersprache meiner Freundin und ihre zögernde Art zu sprechen völlig ignoriert. Weiter hatte die Unfähigkeit meiner Freundin, nein zu sagen, bewirkt, daß sie sich zuviel auflud. Sie hätte zum Beispiel sagen können: „Danke für die Einladung. Ich weiß, daß Sie neu hier sind, und möchte Sie gern näher kennenlernen. Aber Dienstag morgen geht bei mir nicht." Da Lauras Antwort nicht klar und eindeutig war, interpretierte die Nachbarin ihr Zögern in beiden Fällen als Zustimmung. In diesem Fall hat keine der Gesprächspartnerinnen ihrem Gegenüber wirklich zugehört.

Eine hilfreiche Methode besteht darin, zu wiederholen, was der andere Ihrer Meinung nach ausdrücken wollte. Es ist immer gut, eine Bitte, die an einen herangetragen wurde, in eigene Worte zu fassen, um den anderen wissen zu lassen, wie wir ihn verstanden haben. Wenn Laura das getan hät te, hätte sie herausfinden können, was die Nachbarin wirklich wollte. Sie hätte einer genau definierten Bitte zustimmen können, anstatt den Eindruck zu erwecken, sie sei bereit, gleich an einer ganzen Spendenkampagne mitzuwirken.

Selbst wenn Sie noch so mitfühlend sind und noch so gern helfen würden, sollten Sie nicht vergessen, daß Sie Ihre eigenen Prioritäten und Ihre eigenen Verpflichtungen haben. Wenn Sie einen Moment innehalten und nachdenken, werden Sie besser überblicken können, wieviel Zeit Sie für andere erübrigen können. Eventuell werden Sie Ihre Prioritäten neu ordnen müssen, um eine Aufgabe übernehmen zu können, an die Sie nicht gedacht haben, oder einem Freund in Not zu helfen. Nehmen Sie sich genügend Zeit zum Nachdenken, hören Sie zu, prüfen Sie Ihre eigenen Pläne... und entscheiden Sie erst dann, ob Sie zusätzliche Aufgaben übernehmen können.

Sie sollten wirklich genau verstanden haben, was von Ihnen erwartet wird, bevor Sie handeln. Wenn Sie genau zuhören, werden Sie feststellen können, ob Sie für die anstehende Aufgabe Zeit aufwenden müssen und wenn ja wieviel. Fragen Sie sich selbst beziehungsweise Ihr Gegenüber, ob Sie in der betreffenden Angelegenheit wirklich etwas tun können, und antworten Sie entsprechend vertrauensvoll und ehrlich, auch wenn Sie sagen müssen, daß Sie zu einem bestimmten Zeitpunkt nur dies oder jenes übernehmen können. Erkundigen Sie sich, ob dies von Nutzen wäre.

Zur Gewohnheitsbildung
Hören Sie aufmerksam zu. Werden Sie sich klar darüber, was der andere von Ihnen erwartet, bevor Sie antworten. Überprüfen Sie Ihre eigenen Prioritäten, bevor Sie sich verpflichten.

Tip 14

Behalten Sie die Dinge im Auge

Eines der seltsamsten Phänomene im Leben ist meiner Ansicht nach, woran man sich erinnert.

Agatha Christie

„Aus den Augen, aus dem Sinn", lautet ein bekanntes Sprichwort. Wie können Sie auch annehmen, daß Sie sich an etwas erinnern, was Sie nicht sehen? Ihre wichtigste visuelle Gedankenstütze ist Ihr Terminkalender. Legen Sie ihn offen an einen Platz, wo Sie ihn im Blickfeld haben.

Durch Wiederholung lernten Pavlovs Hunde, bei einem unterbrochenen Klingelzeichen Speichel abzusondern. Dieses Prinzip kann auch Ihnen von Nutzen sein, wenn es darum geht, Ihren Zeitplan einzuhalten. Sehen Sie sich Ihre Aufgabenliste an, überprüfen Sie, was für heute und was für die Woche geplant war und welche Verpflichtungen Sie übernommen haben. Halten Sie sich die Resultate vor Augen, die Sie erwarten. Denken Sie auch daran, daß sich Änderungen ergeben können. Wenn sich eine Verabredung von Dienstag auf Mittwoch verschiebt, dann notieren Sie dies. Erwarten Sie nicht, daß Sie das schon behalten werden. Und falls Sie Terminkalender an verschiedenen Orten haben (zum Beispiel einen im Büro und einen zu Hause), schaffen Sie am besten einen davon ab oder kaufen sich einen für die Handtasche.

Die Geschäftsführerin einer großen Kunststoffirma war fest entschlossen, ihre Zeitplanung zu verbessern, und kaufte sich einen Jahreskalender und ein Ablagesystem. Dann verbrachte sie zwölf Stunden damit, ihr Organisationssystem zu organisieren. Es wurde so komplex, daß sein Gebrauch schließlich eine echte Belastung darstellte. Eines Tages nahm sie ihren Terminkalender zu Hand, weil sie ein wichtiges Telefongespräch führen wollte, und ließ ihn offen auf ihrem Schreibtisch liegen. Während sie telefonierte entdeckte sie, daß ihr Kalender sie an alle geplanten Aktivitäten des restlichen Tages erinnerte. Damit war er nicht länger der Beherrscher ihrer Zeit, als den sie ihn gesehen hatte, sondern ein Freund – den sie von da an immer offen hinlegte.

Es geht also darum, den Terminkalender im Auge zu behalten, und das funktioniert am besten, wenn man ihn an eine Stelle legt, von wo er einfach immer wieder ins Auge springt. Wenn Sie zum Beispiel an einem Schreibtisch arbeiten, legen Sie ihn offen neben Ihr Telefon.

Dieser Tip läßt sich nicht nur auf Ihren Kalender, sondern auch auf alles andere anwenden. Wenn Sie Kleidung zur Reinigung bringen müssen, legen Sie sie an einen gut sichtbaren Platz und Sie werden sie nicht vergessen. Dasselbe gilt für Schuhe, die repariert werden müssen, für Negative, von denen Sie Abzüge machen lassen wollen, und so weiter. Wenn Sie für die ganze Familie verbindlich eine Stelle festlegen, an der Dinge mit dem Hinweis deponiert werden, was mit ihnen geschehen soll, wird Ihnen das viele Extragänge ersparen.

Zur Gewohnheitsbildung
Legen Sie Ihren Kalender an eine Stelle, die Sie regelmäßig vor Augen haben. Bringen Sie ihn immer wieder auf den neuesten Stand. Informieren Sie alle Betroffenen, wenn sich Änderungen ergeben.

Tip 15

Bringen Sie Angefangenes zu Ende

... Wenn Sie eine Arbeitsstelle verlassen, ist es vernünftiger, vollständig mit dem zu brechen, was Sie hinter sich lassen. Machen Sie einen sauberen, scharfen Schnitt. Wenn Sie geistig müde sind, halten Sie das, was Sie kennen für die einzige Möglichkeit. Sind Sie dagegen geistig wach, werden sich bald viele andere Möglichkeiten auftun.

Caroline Le Jeune

Eine Kollegin sagte einmal: „Dem Himmel sei Dank für die letzte Minute. Ohne sie würde man nie etwas fertigbekommen." Aber ist es nicht ein Leichtes, sich vorzumachen, man hätte eine Aufgabe beendet, und sich entsprechend im Ruhm zu sonnen? Solange eine Aufgabe nicht wirklich abgeschlossen ist, wird sie Ihnen nachhängen und fruchtbaren Boden für alle möglichen Formen von Unzufriedenheit bieten.

Wie ich bereits erwähnt habe, ist das Realität, was wir wahrnehmen. Ob eine Arbeit wirklich vollständig erledigt wurde, ist oft eine Frage der Wahrnehmung. Wenn Sie die Aufgabe, die Sie übernommen haben, als beendet betrachten, sollten Sie die andere Partei darüber informieren. Sie brauchen anderen nicht immer die Möglichkeit einzuräumen, Änderungen an Ihrer Arbeit vorzunehmen. Stellen Sie sie als Höhepunkt und Endprodukt Ihrer Tätigkeit vor, so daß niemand mehr das Ansinnen an Sie stellt, noch mehr Zeit in diese Aufgabe zu investieren.

Ist eine Sache dagegen nicht wirklich abgeschlossen, müssen Sie sie zu Ende bringen. Nehmen Sie alle unbeantwortet gebliebenen Fragen direkt und offen in Angriff.

Carole, Verkaufsleiterin in einem Lebensmittelgroßhandel, legt ihre geöffnete Post in ihre

Schreibtischschublade, die sie nur selten öffnet. So geschieht es, daß sie Rechnungen nicht rechtzeitig bezahlt oder sich viel zu spät bei einem Geschäftspartner meldet. Sie täte eindeutig gut daran, sofort und an Ort und Stelle zu handeln. Am besten wäre es, wenn sie sich entschließen könnte, ihre Post zu einer Zeit zu öffnen, zu der sie sich mit ihr befassen und Anstehendes sofort in Angriff nehmen kann.

Unklare Verhältnisse können auch entstehen, wenn Sie der anderen Partei im Zusammenhang mit einem angestrebten Projekt zu verstehen geben, daß Sie sich noch einmal melden wollen, um eventuelle weitere Fragen zu klären. Die Wahrscheinlichkeit, daß Sie vergessen, sich zu melden, ist relativ hoch, es sei denn Sie sind wirklich interessiert. Sie könnten auch von vornherein vermeiden, sich auf so etwas einzulassen, indem Sie die Erwartungen der Beteiligten entsprechend steuern und auf konstruktive Weise nein sagen.

Belohnen Sie sich immer, wenn Sie ein Projekt zu Ende gebracht haben. Belasten Sie sich nicht mit Aufgaben, die ewig anstehen, nur weil sie nie eindeutig abgeschlossen wurden. Das würde Ihnen nur Zeit stehlen.

Hier einige Vorschläge, wie Sie mit solchen Situationen umgehen oder sie vermeiden können:

- „Nun, ich habe getan, was Sie von mir erwartet haben. Sollten Sie mich noch für irgend etwas anderes brauchen, können wir gern über einen neuen Termin reden."

- „Es hat mir viel Spaß gemacht, an diesem Projekt mitzuarbeiten, und ich hoffe, daß wir auch in Zukunft Gelegenheit zur Zusammenarbeit haben werden."

- „Ich würde mich gern darum kümmern, die neu aufgetauchten Fragen zu beantworten, muß aber vorher meinen Zeitplan überprüfen, um zu sehen, wie ich dieses zusätzliche Projekt einpassen kann. Sie entscheiden dann, ob ich es übernehmen soll oder ob Sie es selbst machen wollen."

- „Das Puppenhaus sieht toll aus, mein Schatz. Aber heute kann ich dir nicht helfen, es anzustreichen. Wie wäre es, wenn wir das gleich morgen früh machen würden?"

- In Arbeit und Beruf ist es immer am besten, die Dinge schriftlich zum Abschluß zu bringen, denn das geschriebene Wort hat etwas Endgültiges. Für Familienangelegenheiten können Sie einen gemeinsamen Kalender verwenden, in den sämtliche Pläne für den kommenden Monat eingetragen werden. Mit einem solchen Hilfsmittel gibt es weniger Unklarheiten.

Zur Gewohnheitsbildung
Bringen Sie Dinge eindeutig zum Abschluß, indem Sie sich selbst und allen Beteiligten gegenüber zum Ausdruck bringen, daß Sie Ihre Aufgabe als erfüllt betrachten. Alles Weitere ist wie ein neues Projekt, eine zusätzliche Aufgabe oder eine besondere Gefälligkeit zu behandeln.

Tip 16

Kein System ist so gut wie Ihr eigenes

*Auch ich bin ein ungewöhnliches Muster,
wie ich so auf meinen Gartenpfaden wandle.*
Amy Lowell
Patterns

Wie viele Selbsthilfebücher haben Sie gelesen? Wenn Sie ähnlich reagieren wie ich, kommen Ihnen immer wieder neue Ideen, sobald Sie gelesen haben, was Sie besser machen können. Doch diese Gedanken verblassen, denn es handelt sich immer um den Ansatz, die Theorie oder die Methode eines anderen Menschen.

Wir alle nehmen Verbesserungsvorschläge auf unsere eigene, einzigartige Weise in uns auf. Auch die hier vorgestellten Tips sind nur so gut, wie Sie selbst sie machen. Sie können ihre Wirkung nur entfalten, wenn Sie sie zu einem Teil Ihrer selbst machen. Und das ist nur möglich, wenn Sie sie Ihren eigenen Bedürfnissen und Gewohnheiten entsprechend abändern und anpassen.

Ich will dies am Beispiel der Aufgabenliste erklären. Es gibt keine „richtige" Art, eine solche Liste zu führen. Also erwähne ich hier drei verschiedene Menschen, die auf ihre ganz eigene, unverwechselbare Weise damit umgehen:

- Laura notiert sich nur Dinge, die sie noch am selben Tag erledigen kann.

- Dieter führt zwei Listen: eine für die Arbeit und eine für die Freizeit. Je nachdem, zu welchem Teil seines Lebens ein Programmpunkt gehört, nimmt er sich die eine oder die andere Liste vor.

- Rita führt eine lange, fortlaufende Aufgabenliste, die sie täglich auf den neuesten Stand bringt. Diese Liste ist ihre einzige Gedankenstütze für alles, was erledigt werden muß.

Es gibt viele verschiedene Möglichkeiten, Zeit zu sparen. Zum Beispiel finden die meisten Leute, daß das Bezahlen von Rechnungen viel Zeit in Anspruch nimmt. Die Geschäftsführerin einer Bar erzählte mir, daß sie an einem Abend pro Woche vier Stunden oder „soviel Zeit wie eben nötig" für das Bezahlen von Rechnungen reserviert, um am Wochenende von dieser Verpflichtung befreit zu sein. Eine Psychologin und Mutter von vier Kindern hält sich einen Abend im Monat frei, um sämtliche Überweisungen zu tätigen.

Es gibt eine Menge Möglichkeiten, mit dem Thema Einkäufe umzugehen. Manchen erscheint es am günstigsten, in Läden einzukaufen, die von der eigenen Wohnung oder vom Büro aus zu Fuß zu erreichen sind, und sich auf diese Weise lange Fahrten durch die Stadt zu ersparen. Eine Kollegin hält sich eine Stunde Mittagspause in der Woche frei, um alle ihre Besorgungen zu erledigen. Es gibt auch Frauen, die ihre Autofahrten von und zum Arbeitsplatz in eine bestimmte Zeit verlegen, um den stärksten Berufsverkehr und damit lange Fahrzeiten zu vermeiden. Andererseits machen diejenigen, die viel Zeit im Auto verbringen, die

Erfahrung, daß sie dort die Möglichkeit haben, sich mit Musik zu entspannen, Nachrichten zu hören oder Anrufe per Autotelefon zu erledigen.

Der Trick besteht darin, daß Sie jeweils das wählen, was für Sie am besten funktioniert. Jeder von uns muß sich mit einer eigenen, einzigartigen Reihe von Zeiträubern auseinandersetzen. Das bedeutet, daß Sie das, was Sie diesem Buch entnehmen, Ihrem eigenen Rhythmus und Lebensstil beziehungsweise Ihrer jeweiligen Lage anpassen müssen. Nichts in diesem Buch ist heilig. Formen Sie die Tips um, biegen Sie sie zurecht, machen Sie sie für sich „gebrauchsfertig". Lassen Sie Zeitsparen zu einer Gewohnheit werden.

Zur Gewohnheitsbildung
Wägen Sie bei jedem einzelnen Tip zum Zeitsparen ab, wie er sich für Sie auswirken könnte. Wenn Sie sich damit unbehaglich oder unter Druck fühlen, wandeln Sie ihn so lange ab, bis daraus problemlos eine Gewohnheit entstehen kann.

Tip 17

Seien Sie Ihr eigener Revisor

Quälen Sie sich nicht ab, organisieren Sie.
Florynce R. Kennedy

Im Kampf gegen unsere Zeiträuber ist es wichtig, daß wir uns regelmäßig Rechenschaft darüber ablegen, wie wir unsere Zeit genutzt haben. Bewahren Sie Ihre Wochenpläne zur Überprüfung auf und wenden Sie einmal pro Woche fünfzehn bis zwanzig Minuten für diese Revision auf. Wichtig ist, daß Sie sich nicht auf Ihr Gedächtnis, sondern auf Ihre Disziplin verlassen.

Folgende Fragen sollten Teil Ihrer Revision sein:

- Wie effizient benutze ich meinen Kalender?

- Ist er auf dem letzten Stand?

- Sind meine Zeitschätzungen realistisch?

- Plane ich auch Freizeit ein?

- Könnte ich verschiedene Tätigkeiten sinnvoll kombinieren?

- Wäre es möglich, mehr Gebrauch vom Telefon zu machen, anstatt soviel Zeit unterwegs zu verlieren?

- Haben sich meine Prioritäten geändert?

- Könnte ich ein paar überflüssige Aktivitäten aus meinen Plänen streichen?

- Habe ich genügend Freizeit? Tue ich, was ich mir vorgenommen habe?

Nachdem Sie eine solche Revision ein paarmal durchgeführt haben, werden Sie ganz von selbst anfangen, all Ihre Aktivitäten zu überprüfen und entsprechend zu steuern.

Zur Gewohnheitsbildung
Setzen Sie sich einmal in der Woche hin und überprüfen Sie, wofür Sie Ihre Zeit aufgewendet haben. Vergessen Sie nicht zu würdigen, was Sie gut gemacht haben. Korrigieren Sie Ihren Kurs, wo es nötig ist.

Tip 18

Sie verdienen eine Pause

*Sie müssen lernen,
inmitten aller Aktivität zur Ruhe zu kommen
und in der Ruhe vor Leben zu sprühen.*
Indira Gandhi

Wie viele Dinge gibt es, die ständig in Bewegung sind? Abgesehen von Sonne und Mond, der Erde und den anderen Planeten fallen mir nicht viele ein. Menschen jedenfalls sind nicht in der Lage, vierundzwanzig Stunden pro Tag und sieben Tage pro Woche mit der Uhr um die Wette zu rennen. Um Freude am Leben finden und Dinge zuwege bringen zu können, brauchen Sie Pausen. Gönnen Sie sich Zeit, um zu entspannen, sich zu lösen, aufzuladen und von neuem auf etwas zu konzentrieren. Sie verdienen sie.

Hier ein paar Beispiele dafür, was Menschen tun, wenn es ihnen schwerfällt weiterzumachen, wenn sie sich abgehetzt fühlen oder wenn die Belastung zu groß wird:

- „Ich gebe meinem Kind ein Video und lege mich zwanzig Minuten lang auf mein Bett. Das hilft mir eine ganze Menge."
  Mutter, Ehefrau und Geschäftsinhaberin, 34 Jahre alt

- „Ich nehme mir einen Tag frei, an dem ich nichts tue. Ich habe das Recht, mich zu erholen. Ich lese ein Buch und bummle herum."
  Ehefrau, Mutter, Börsenmaklerin, 47 Jahre alt

- „Ich betätige mich körperlich: mache Bodybuilding, spiele Fußball, fahre Rad. Auf jeden

Fall tue ich irgend etwas, was mich ablenkt."
Betriebsberater, 49 Jahre alt

- „Meine Entspannung besteht darin, daß ich ins Sonnenstudio gehe und einfach abschalte. Dann fühle ich mich besser. Ich gehe jeden Samstag um acht Uhr morgens."
Verwaltungsangestellte, 30 Jahre alt

Eine langwierige Arbeit läßt sich zum Beispiel dadurch unterbrechen, daß man zwischendurch schnell mal einen Punkt auf der Aufgabenliste erledigt, der nicht viel Zeit braucht: einen Brief einwerfen, ein Buch zur Bücherei zurückbringen oder Blumen gießen. Wenn Sie eine längere Pause einlegen, machen Sie sich klar, daß Sie sie verdient haben und daß sie nötig ist, um neue Kräfte zu sammeln. Und was die Arbeit betrifft, die Sie unterbrechen, stellen Sie sich die entscheidende Frage: „Was passiert, wenn ich das heute nicht fertigbekomme?" Ihre Leistungsfähigkeit und Ihr Interesse werden übrigens wesentlich größer sein, wenn Sie nach einer Pause erfrischt und energiegeladen zu Ihrer Arbeit zurückkehren.

Zur Gewohnheitsbildung
Bauen Sie in Ihre tägliche Routine kleine Pausen ein, die Sie ein wenig von Ihrer unmittelbaren Priorität ablenken und Ihnen die Möglichkeit geben, neue Kräfte zu sammeln. Vielleicht nehmen Sie sich ein paar Punkte von irgendwo unten auf Ihrer Aufgabenliste vor, die zwar Ihre Aufmerksamkeit in Anspruch nehmen, aber nur wenig Zeit kosten.

Tip 19

Widerstehen Sie der Versuchung

Das Leben besteht aus Wünschen, die uns im ersten Augenblick riesengroß und ungeheuer wichtig und schon im nächsten unbedeutend und geradezu absurd vorkommen. Ich nehme an, wir bekommen letzten Endes das, was für uns am besten ist.

Alice Caldwell Rice

„Wenn es sich gut anfühlt, dann tu es" ist eine ziemlich kurzsichtige Lebensphilosophie. Wenn wir nur tun würden, worauf wir gerade Lust haben, lägen wohl die meisten von uns vermutlich auf einer tropischen Insel in der Sonne.

Doch auch die verlockendsten Dinge haben ihre Kehrseite. Wir würden uns vielleicht langweilen auf dieser tropischen Insel und wären vorzeitig runzelig und ausgetrocknet. Und in Zeit ausgedrückt wäre die Kehrseite unseres Nachgebens, daß wir die Dinge, die erledigt werden müssen, hinauszögern und verkomplizieren. Die Versuchung zu tun, worauf man gerade Lust hat, ist also ein Zeiträuber.

Wir wollen es an einem Beispiel betrachten. Nehmen wir an, Sie haben heute fünf Dinge von unterschiedlicher Priorität zu erledigen:

1. Die Steuererklärung vorbereiten
   Termin beim Steuerberater in vierzehn Tagen

2. Überweisungen ausfüllen
   Rechnungen werden innerhalb der nächsten fünf Tage fällig

3. Bericht ausarbeiten
   Morgen Treffen mit einem Kunden

4. Geburtstagsgeschenk kaufen
   Morgen abend Party

5. Eine Stunde Körperübungen

Die meisten Leute hätten nichts gegen die Punkte 4 und 5 einzuwenden, aber die Liste macht deutlich, daß der Bericht die erste Priorität haben müßte. Das einzig Richtige ist also, sich hinzusetzen, keine Unterbrechungen zuzulassen und sich ganz auf das Verfassen des Berichtes zu konzentrieren. Bringen Sie die Arbeit hinter sich und belohnen Sie sich anschließend, indem Sie das Geschenk kaufen gehen und die Besorgung eventuell mit dem Programmpunkt „Körperübungen" kombinieren. Oder Sie tun ganz einfach irgend etwas, worauf Sie gerade Lust haben. Dieser Versuchung müssen Sie jedoch widerstehen, bis Sie die vorrangige Arbeit abgeschlossen haben.

Ein anderer gangbarer Weg wäre: Tun Sie das Unangenehmste zuerst. Tun Sie es heute noch. Bringen Sie es hinter sich. Beginnen Sie mit dem, was Sie am wenigsten gern anpacken.

Zur Gewohnheitsbildung
Erledigen Sie das Unangenehmste immer zuerst.

Tip 20

Nutzen Sie unvermeidliche Wartezeiten

Laß dir sagen, Zeit ist eine sehr kostbare Gabe Gottes, so kostbar, daß Er uns immer nur einen kurzen Augenblick auf einmal schenkt. Er will nicht, daß wir die Zeit verschwenden.

Amelia Barr

Wartezeit kann als verschwendete Zeit empfunden werden. Wie oft sitzen Sie beispielsweise im Wartezimmer eines Arztes fest, warten darauf, daß eine Konferenz beginnt, oder daß Ihr Kind sein Spiel beendet, damit Sie sich auf den Weg machen können? An unzähligen Orten warten Sie: im Postamt, in der Autoreparaturwerkstatt, im Kino, beim Friseur, im Lebensmittelladen, vor der Damentoilette, an der Tankstelle, bei der Bank und so weiter und so fort.

Wartezeit kann von Nutzen sein, wenn Sie entsprechend darauf vorbereitet sind. Sie sollten stets zumindest einen Stift und Schreibpapier bei sich haben. Dann können Sie Ideen notieren, die Ihnen kommen, oder aufschreiben, was Sie noch tun müssen. Sie können auch Ihre Aufgabenliste überprüfen und sich anerkennend auf die Schulter klopfen, weil Sie schon so viel geschafft haben.

Denken Sie daran, daß Zeit, die man ausschließlich damit verbringt, ungeduldig und untätig auf etwas zu warten, verlorene Zeit ist. Eine Stunde am Tag zu verschwenden bedeutet, in zehn Jahren 3650 Stunden oder 152 Tage seines Lebens verloren zu haben. Lassen Sie nicht zu, daß dieser Zeiträuber Sie überlistet! Überlegen Sie sich vorher, wo Wartezeiten anfallen und wie Sie sie nutzen könnten.

Zur Gewohnheitsbildung
Erkennen Sie im voraus, wo sich Wartezeiten ergeben könnten und nutzen Sie sie zu Ihrem Vorteil. Sorgen Sie dafür, daß Sie immer Schreibpapier und einen Stift dabei haben, damit Sie Ideen notieren können, die Ihnen vielleicht kommen, während Sie warten müssen.

Tip 21

**Fangen Sie einfach an –
die Inspiration kommt nach**

*Wenn die Leute sagen „Sie hat alles",
kann ich nur antworten:
„Das Morgen habe ich noch nicht."*
Elizabeth Taylor

Wenn es einen Rat gibt, an den Sie sich noch erinnern sollten, wenn sich auf diesem Buch in Ihrem Regal längst Staub angesammelt hat, ist es dieser: Fangen Sie einfach an. Tun Sie's. Und tun Sie es sofort. Vergeuden Sie keine Zeit damit, sich selbst zu bedauern, nach Gründen zu suchen oder Dinge auf die lange Bank zu schieben. Setzen Sie einfach einen Fuß vor den anderen und machen Sie sich auf den Weg.

„Tun" bedeutet übrigens nicht, daß Sie ins kalte Wasser springen und ertrinken sollen. Sie können durchaus vom Sandstrand aus durch das seichte Wasser waten. Aber gehen Sie los, Stück für Stück, Tag für Tag. Die Dinge entwickeln ihre eigene Dynamik, sobald Sie selbst in Gang gekommen sind.

Und tun Sie's gleich, wann immer möglich. Wenn Sie bereit sind zu handeln und einer Sache einmal Ihre Aufmerksamkeit geschenkt haben, dann befassen Sie sich unverzüglich damit. Jetzt gleich. Dann können Sie einen Schritt nach dem anderen tun. Viele Geschäftsleute in leitender Position erledigen ihren gesamten Schriftverkehr innerhalb von wenigen Stunden, die sie sich speziell für diesen Zweck freihalten.

Bei genauer Analyse wird sich fast immer herausstellen, daß jemand, der Zeit zur Verfügung hat, zu einem früheren Zeitpunkt dafür gesorgt hat, daß diese Zeit frei bleibt. Niemand kann Sie dazu bringen, Ihre Zeit optimal zu nutzen. Das bleibt allein Ihnen überlassen. Möchten Sie mehr Spaß im Leben haben? Kein Problem. Packen Sie die wichtigste Aufgabe an, die Sie vor sich haben (vorzugsweise die, welche Sie am meisten fürchten), lassen Sie sich möglichst wenig unterbrechen, werden Sie sich klar darüber, was Sie erreichen wollen, und erledigen Sie es noch am selben Tag. Lassen Sie nicht locker. Ziehen Sie die Sache durch. Und genießen Sie die Zeit, die Sie auf diese Weise gewonnen haben.

Zur Gewohnheitsbildung
Fangen Sie einfach an. Tun Sie's!

Tip 22

Delegieren Sie

*Ich denke, es ist wichtiger zu wissen,
was man nicht tun kann,
als zu wissen, was man tun kann.*

Lucille Ball

Eine tüchtige Managerin erkennt man an ihrer Fähigkeit, effizient zu delegieren. Sie hat gelernt, intuitiv zu erkennen, für welche Aufgaben sie Zeit aufwenden muß und was besser von anderen erledigt werden sollte. Auch Sie können nicht alles selbst tun und werden in allen Bereichen Ihres Lebens enorm profitieren, wenn Sie lernen, Aufgaben zu delegieren. Durch effizientes Delegieren können Sie Ihre schlimmsten Zeiträuber unschädlich machen.

Delegieren setzt Kooperation voraus und ist eine Frage der guten Teamarbeit, wobei Sie selbst darüber entscheiden, wie Sie Ihre begrenzten Mittel optimal einsetzen. Nehmen wir zum Beispiel an, es ist Samstag und Sie müssen sich mit den Abrechnungen befassen, den Rasen mähen und ein paar Besorgungen machen. Auch hätten Sie gern ein bißchen Zeit für sich selbst. Sie könnten nun einen Teil der Arbeit an Ihre Kinder delegieren, vorausgesetzt Sie haben sie als Hilfskräfte zur Verfügung. Ihr Sohn mäht den Rasen vielleicht besser als Sie. Es kann auch sein, daß Ihre Familie in der Küche ein Chaos hinterlassen hat. Räumen Sie nicht auf. Überlassen Sie das Beseitigen der Bescherung demjenigen, der sie angerichtet hat. Wenn Sie auf diese Weise delegieren, stellen Sie sicher, daß alles fertig wird und Sie genügend Zeit für sich selbst übrigbehalten.

Eine Freundin aus meiner Kinderzeit leitet zusammen mit ihrem Mann ein florierendes Unternehmen und hat außerdem ein zweijähriges Kind. Sie erzählte mir, wie sie durch Delegieren die Herausforderungen einer besonders anstrengenden Woche gemeistert hat:

„Ich helfe Jim im Büro und habe eine Haushaltshilfe, die mich vertritt, wenn ich außer Haus bin. Vor vier Wochen kündigte diese Haushälterin. Außerdem mußten wir eine Angestellte entlassen, so daß unser Büro eine Woche lang nur mit einer einzigen Mitarbeiterin besetzt war. Ich fing an, Schmerzen in der Brust zu bekommen. Ich hatte niemanden, der mir das Kind abnehmen konnte, und das steht schließlich an erster Stelle. Es war wirklich hart, denn ich habe auch noch fünfundzwanzig Kunden zu betreuen. Ich rief vier verschiedene Leute an, um das Babysitten für diese Woche zu organisieren. Als dieses Problem gelöst war, konnte ich mehrere Haushaltshilfen einladen und mich für eine entscheiden. Nun muß ich die Arbeit für meine Kunden nicht mehr zwischen Mitternacht und zwei Uhr morgens bewältigen."

Um die akuten Probleme zu bewältigen, setzte meine Freundin Prioritäten und delegierte. Weil sie sich zunächst nur darauf konzentrierte, kurzfristig einen Babysitter zu finden, gelang es ihr, in dieser hektischen Woche beide Probleme zu lösen, ohne daß ihr Kind darunter leiden mußte: Sie fand nicht nur eine neue Haushalthilfe und eine neue Mitarbeiterin für das Büro, sondern konnte auch noch für ihre Kunden da sein.

Sharon, eine neunundzwanzigjährige Physiotherapeutin, ist mit einem Mann verheiratet, der viel reist und nur allzu leicht vergißt, den Rasen zu mähen. Schließlich bat sie den Sohn ihrer Nachbarn, diese Aufgabe zu übernehmen. Der Teenager freut sich über das zusätzliche Taschengeld und Sharon braucht nicht mehr selbst zu mähen.

Maureen ist sechsundvierzig, Hausfrau, Mutter von vier Kindern und außerdem ehrenamtlich tätig. Sie sagt: „Delegieren ist wichtig. Wenn ich nicht delegiere, gebe ich anderen keine Gelegenheit, ihre Gaben und Talente einzubringen." Obwohl „Tun Sie's einfach" ein wichtiger Tip aus diesem Buch ist, sollten Sie innehalten, bevor Sie springen. Halten Sie Ausschau, ob nicht jemand anderes besser geeignet oder ausgerüstet ist, um die Arbeit zu übernehmen. Wenn ja, delegieren Sie. Wenn nicht, können Sie sie ja immer noch selbst machen.

Zur Gewohnheitsbildung
Fragen Sie sich stets: „Welche von den anstehenden Aufgaben muß ich selbst angehen?" Und das soll heißen, daß diese Aufgaben nicht nur am besten, sondern ausschließlich von Ihnen erledigt werden können. Delegieren Sie alles, was nicht Ihrer persönlichen Aufmerksamkeit bedarf.

Tip 23

Gestalten Sie Ihr Leben möglichst einfach

*Doch in unseren müßigen Augenblicken,
in unseren Träumen,
kommt die verborgene Wahrheit zuweilen
an die Oberfläche.*

Virginia Woolf
A Room of One's Own

Mit wie vielen Bällen jonglieren Sie eigentlich? Beruf, Familie, Kinder, Ehemann, Freunde, Gemeinde, Religion, Ehrenämter, Sport, Hobbies? Wie oft sagen Sie: „Ich ertrage das nicht mehr", „Ich bin spät dran. Können Sie sich kurz fassen?" und „Ich bin müde, aber ich kann mich jetzt nicht hinlegen und einfach ausruhen." Die Vielzahl Ihrer Verantwortlichkeiten veranlaßt Sie, eine schnelle Gangart einzulegen. Permanent überfordern Sie Ihren Körper und Ihren Geist. Und manchmal merken Sie es erst, wenn es schon viel zu spät ist.

Zu spät ist es dann, wenn Sie krank werden, den Kontakt zu Ihren Freunden verlieren, keine Zeit mehr haben, Ihren Kindern bei den Hausaufgaben zu helfen oder ihnen vor dem Einschlafen eine Geschichte vorzulesen. Wenn das für Sie zutrifft, aber auch, wenn Sie zwar noch in der Lage sind, alle Ihre Aufgaben zu bewältigen, aber Ihr ganzes Leben letzten Endes wenig mehr ist als ein zu bewältigender Punkt auf Ihrer Aufgabenliste – dann wird es höchste Zeit, es zu vereinfachen.

Der erste Schritt zu mehr Einfachheit in Ihrem Leben besteht darin, daß Sie den Wert von einfachen Dingen und von kostbaren Augenblicken erkennen lernen. Das Leben von Susan, einer vierunddreißigjährigen Unternehmerin, raste letztendlich nur noch in Form von Terminen, Sitzungen und Listen an ihr vorbei. Dies wurde ihr schlagartig klar, als sie die Schultheateraufführung ihrer Tochter verpaßte. Sie hatte sie für den falschen Tag in ihren Kalender eingetragen. Als sie ihren Irrtum bemerkte, eilte sie zum Festsaal der Schule und kam an, als die Aufführung vorbei war. Vor der Tür fand sie eine verweinte Neunjährige, die einsam auf sie wartete. Susan reagierte sofort. Sie zog sich aus zwei Wohltätigkeitsorganisationen zurück und sagte alle ihre Fortbildungskurse ab. Nun geht sie regelmäßig mit ihrer Tochter spazieren und leistet Ihren Beitrag für verschiedene Wohltätigkeitsorganisationen in Form von Geldspenden.

Als nächstes sollten Sie sich überlegen, wie Sie Ihr Leben einfacher gestalten können. Machen Sie eine Aufstellung dessen, was an Aktivitäten und Verpflichtungen durchschnittlich pro Woche auf Sie zukommt. Prüfen Sie, was Sie ganz streichen, was Sie mit jemandem teilen und was Sie auf eine günstigere Zeit verschieben können. Sharon, eine junge Frau um die dreißig, hatte es sich zur Angewohnheit gemacht, fast jeden Abend bis nach Mitternacht aufzubleiben, um Staub zu wischen. Inzwischen hat sie festgestellt, daß ein bißchen Staub nichts schadet und ruhig auch mal liegenbleiben kann.

Die Superfrauen der achtziger Jahre sind out. Bei den wenigen Übriggebliebenen handelt es sich meist um hilflose Helferinnen, die sich vor allem mit ihren eigenen Ängsten herumschlagen. Erkennen Sie Ihre Grenzen ebenso wie Ihre Prioritäten. Gestalten Sie Ihr Leben möglichst einfach – damit Sie mehr davon haben.

Zur Gewohnheitsbildung
Gestalten Sie Ihr Leben möglichst einfach. Listen Sie Ihre Verantwortlichkeiten, Aktivitäten und Verpflichtungen auf und stellen Sie fest, welche Sie streichen, aufteilen, verändern oder reduzieren können. Denken Sie darüber nach, mit wem Sie sich austauschen müssen, bevor sich etwas ändern kann. Und dann tun Sie es!

Tip 24

Bitten Sie um Hilfe

*Die Menschen, die wir unterstützen,
sind unsere Stütze im Leben.*
Marie Ebner von Eschenbach

Wie oft schon kam Ihnen der Gedanke: „Ich habe überhaupt keine Zeit mehr für mich. Ich versuche, alle zufriedenzustellen, und tue meine Pflicht, aber ich bin müde, niedergedrückt und genervt." Es ist nichts daran auszusetzen, daß einem solche Gedanken kommen. Nicht in Ordnung hingegen ist, nichts an diesem Zustand zu ändern.

Sie fragen sich vielleicht: „Wo soll ich anfangen?" Wählen Sie eine der unten aufgeführten Möglichkeiten, um herauszufinden, wie das, was auf Ihnen lastet, ins Gleichgewicht gebracht werden könnte, damit Ihr Leben angenehmer wird.

- Suchen Sie nach Büchern mit inspirierenden Gedanken zu den Problemen, die Sie bewegen.

- Sprechen Sie mit einer Freundin, die Ihnen wirklich zuhört und die vielleicht in einer ähnlichen Lage war oder mit ähnlichen Anforderungen und Pflichten konfrontiert ist.

- Holen Sie sich Rat in Ihrer Kirche, Ihrer Religionsgemeinschaft oder bei einem spirituellen Lehrer. Schließen Sie sich eventuell einer Selbthilfegruppe an.

- Ziehen Sie sich zurück und lassen Sie Ihren Geist wandern. Sie werden überrascht sein, was für ein machtvolles Instrument der Wandlung Ihr Unbewußtes sein kann, wenn Sie sich entspannt haben.

Eine nachmittägliche Meditation in ihrem sonnigen Hinterhof veranlaßte meine Kusine Marion, eine ausgezeichnete Psychologin mit eigener Klinik, vier Kindern und einem liebevollen Ehemann, ihre Prioritäten neu festzulegen. Als sie an diesem Nachmittag so allein in der Sonne saß, hatte sie Zeit und Ruhe, sich zu fragen, warum sie so niedergeschlagen war. Ihre Schlußfolgerung war, daß sie freie Samstage brauchte. Das Wissen, daß dies eine Verringerung Ihres Einkommens mit sich bringen würde, brachte sie nicht von ihrem Vorhaben ab. Sie brauchte einfach mehr Zeit mit ihren Kindern und für sich selbst. Übrigens macht sie sich nun richtig Gedanken über diese Samstage – sie muß noch herausfinden, wie sie diese neugewonnene Freizeit am besten nutzen soll.

Manchmal genügt es, sich zurückzuziehen, um Antworten auf quälende Fragen zu finden. In schwierigeren Situationen sind Sie jedoch möglicherweise nicht allein in der Lage dazu. Dann sollten Sie um Hilfe bitten. Eine Freundin, ein spiritueller Ratgeber, ein gutes Buch oder auch ein Therapeut kann Ihnen eventuell helfen, Ihre Gefühle zu verstehen und eine Lösung für Ihre Probleme zu finden.

Zur Gewohnheitsbildung
Denken Sie darüber nach, was Sie in Ihrem Leben ändern möchten. Wenn Sie nicht wissen, wie Sie es bewerkstelligen sollen, sprechen Sie mit Freunden, Verwandten oder geistlichen Ratgebern. Sie können auch versuchen, sich eine Zeitlang ganz zurückzuziehen. Manchmal hilft auch ein inspirierendes Buch.

Tip 25

Werden Sie sich Ihrer Ansichten bewußt

Wir alle leben mit dem Ziel, glücklich zu sein. So sind unsere Leben verschieden und doch gleich.

Anne Frank

Ob wir es zugeben oder nicht, wir alle haben unsere eigenen Ansichten über uns selbst, die anderen und die menschliche Natur. Vielleicht teilen Sie die eine oder andere der folgenden Ansichten:

- Ich bin die einzige, die das richtig macht.

- Ich bin keine gute Mutter, wenn ich nicht jeden Tag koche und das Haus sauberhalte.

- Je beschäftigter man ist, desto wichtiger ist man.

- Je mehr man arbeitet, desto mehr ist man wert.

- Ich bin alles in einem: eine gute Arbeitskraft, eine liebevolle Betreuerin, eine treue Freundin, ein aktives Gemeindemitglied, eine ehrenamtliche Helferin, eine gute Tochter, Mutter, Ehefrau und Schwester.

Maßen Sie sich da nicht ein bißchen zuviel an? Wie wäre es, wenn Sie einige Ihrer Ansichten in Frage stellen würden?

Sara, eine beeindruckende Frau in den Vierzigern, revidierte die Ansprüche, die sie an sich selbst als gute Tochter stellte. Da ihre alte Mutter Hilfe brauchte, kochte Sara regelmäßig für sie und putzte einmal in der Woche das ganze Haus. Nachdem sie festgestellt hatte, daß die Betreuung ihrer Mutter sie einfach zuviel ihrer eigenen Zeit kostete, beauftragte sie einen Reinigungsdienst, einmal pro Monat die grobe Arbeit im Haus ihrer Mutter zu erledigen. Damit hat Sara die Zeit halbiert, die sie mit Putzen verbringt. Außerdem kocht sie nun am Sonntag die Mahlzeiten für die ganze Woche, teilt sie in Portionen auf und friert sie ein. Ihre Mutter besitzt ein Mikrowellengerät und ist durchaus noch imstande, sich täglich eine Mahlzeit aufzuwärmen.

Das wirkliche Problem besteht darin, daß Sie sich klar machen, wie Sie Ihre Selbstachtung und Ihren Selbstwert definieren. Sie können alles sein und tun, was in Ihrer Macht steht, und dabei geistig gesund bleiben, vorausgesetzt Sie überprüfen Ihre Ansichten und legen Ihre Grenzen fest. Eine wertvolle Ergänzung zu diesem Tip ist das folgende Gebet:

Gott schenke mir die Gelassenheit,
die Dinge anzunehmen, die ich nicht ändern kann,
den Mut, diejenigen zu ändern, die ich ändern kann,
und die Weisheit, den Unterschied zwischen beiden zu erkennen.

Zur Gewohnheitsbildung
Schreiben Sie auf, was Sie über sich selbst und Ihre Mitmenschen denken. Was hält Sie in Gang? Was ist Ihnen wichtig? Woraus beziehen Sie Ihr Selbstwertgefühl? Stellen Sie Ihre Ansichten in Frage, eine nach der anderen. Sind sie notwendig? Sind sie gesund für Körper und Geist? Helfen sie Ihnen, das Leben zu führen, das Sie führen möchten? Der nächste Schritt besteht darin, Ihre Ansichten zu ändern. Schreiben Sie die neuen auf und hängen oder legen Sie sie so hin, daß Sie sie immer im Blickfeld haben. Lesen Sie sich Ihre neuen Ansichten ab und zu laut vor.

Tip 26

Tun Sie *nicht* eines nach dem anderen

*Sie sollten immer das tun,
wozu Sie Ihrer Meinung nach nicht in der
Lage sind.*

Eleanor Roosevelt

Computer sind nur deshalb zum Multi-Processing in der Lage, weil sie zur Steigerung ihrer Effizienz so konstruiert und programmiert wurden. Wir hingegen brauchen von niemandem programmiert zu werden. Uns fällt es leicht, mehr als eine Tätigkeit auf einmal zu verrichten. Wir können zum Beispiel gleichzeitig

- Fernsehen und Rechnungen bezahlen

- Telefonieren und und eine Gesichtsmaske wirken lassen

- Kochen und nebenbei saubermachen

- Duschen und Wäsche waschen

- Autofahren und die Bauchmuskeln trainieren

- Sport treiben und Musik hören.

Versuchen Sie, zwei Dinge zugleich zu tun, anstatt sich auf eine einzige Tätigkeit zu konzentrieren, die Sie weder körperlich noch geistig ganz fordert. Geben Sie Ihren Händen etwas zu tun, während Mund und Ohren am Telefon hängen. Gehen Sie mit Ihren Kindern in den Park und machen Sie Gymnastik, während die Kinder im Sand spielen. Halten Sie Ausschau nach Gelegenheiten, sich in Multi-Processing zu versuchen.

Das darf natürlich nicht zwanghaft werden, aber Sie sind sehr wohl in der Lage, zwei oder sogar drei Dinge gleichzeitig zu tun. Damit gewinnen Sie Zeit – mit der Sie dann anfangen können, was Sie wollen.

Zur Gewohnheitsbildung
Versuchen Sie, verschiedene Aktivitäten zu kombinieren, um mehr als eine Sache gleichzeitig tun zu können und damit Zeit zu sparen.

Tip 27

Legen Sie nützliche Ordner an

*Seltsame Sache, die Gewohnheiten
der Menschen.
Sie wußten selbst nicht einmal, daß sie sie
hatten.*

Agatha Christie

Verbringen Sie Stunden damit, den Namen des Installateurs zu suchen, der vor einem halben Jahr bei Ihnen war, oder das Rezept von Ihrem Arzt, das Sie der Krankenversicherung schicken müssen, oder den Coupon, den Sie aus der Zeitung vom letzten Sonntag ausgeschnitten haben? Wenn Ihnen das vertraut vorkommt, ist der folgende Tip etwas für Sie:

Legen Sie Ordner an. Ja, Ordner! Ich will damit nicht anregen, daß sich Ihre Wohnung in ein Büro verwandeln sollte. Aber die Zeit, die Sie in Sortieren und Ablegen investieren, ist gut angelegt. Die gespeicherte Information kann Ihnen in Zukunft die wilde Sucherei ersparen.

Elizabeth hat zwei Kinder, einen Mann, der ziemlich viel auf Reisen ist, und ein Haus, das in Ordnung gehalten werden muß. Sie hat ein einfaches, leicht durchschaubares Ablagesystem entwickelt. Ihre Ordner sind in einem Schrank im Eingangsbereich untergebracht und tragen folgende Aufschriften:

- Auto
- Haus und Garten
- Darlehen
- Versicherungen
- Geburtstage/Geschenke
- Personal

- Kreditkartenquittungen
- Steuer

Unter „Haus und Garten" findet sie zum Beispiel Namen, Telefonnummern, Adressen und die bisher geleistete Arbeit von Leuten, die sie für Installationsarbeiten, Elektroreparaturen, Wartung der Alarmanlage und Gartenarbeit einsetzt. Sie sucht nie nach Telefonnummern und kann ihre Kontakte sogar an Freunde und Familien in Not weitervermitteln. Sie schaut sich ihren Geburtstagsordner jeden Monat an, um den Einkauf von Geschenken und den Versand von Geburtstagskarten für die kommenden vier Wochen planen zu können.

Wenn Sie Ihre Unterlagen nicht sofort abheften können, sammeln Sie sie an einem bestimmten Platz und sortieren Sie sie einmal im Monat. Setzen Sie sich nicht unter Druck mit der Extraarbeit, aber Staub ansammeln sollte sich auf dem Abzulegenden auch nicht gerade. Wenn Sie am Ball bleiben, werden Sie auf lange Sicht Zeit sparen.

Zur Gewohnheitsbildung
Legen Sie fest, wie viele Ordner Sie für Ihr Ablagesystem brauchen. (Es sollten auf keinen Fall mehr als zehn sein.) Wählen Sie einen geeigneten Platz dafür. Finden Sie die für Sie beste Methode, Belege zu sammeln und die Ordner auf den jeweils neuesten Stand zu bringen.

Tip 28

Von jetzt an „sollten" Sie nicht mehr

*Ein kleines Königreich besitz' ich,
wo Gefühl und Denken sind.
Wie schwer ist's doch, es zu regieren!*
Louisa May Alcott
My Kingdom

„Sollte" ist ein Wort, das die meisten Frauen viel zu oft benutzen:

- „Ich sollte in der Elternvertretung aktiver sein."

- „Ich sollte mit meiner Mutter in das Geschäft gehen und ihr helfen, ein Kleid auszusuchen."

- „Ich sollte heute abend kochen, anstatt schon wieder essen zu gehen."

Wir würden sehr gut daran tun, das Sollte-Monster auszuschalten. Es nagt an uns, macht, daß wir uns schuldig fühlen, und verschwendet unsere Zeit. Vermutlich verbringen wir mehr Zeit damit, uns Gedanken darüber zu machen, was wir tun sollten, als damit, einfach zu tun, was wir tun wollen. Wir haben ständig das Bedürfnis, perfekt zu sein.

Überlegen Sie, was wirklich wichtig ist. Wenn ein Bett ungemacht bleibt oder Sie eine Besorgung nicht machen, die ebensogut an einem anderen Tag gemacht werden kann, gibt es keinen Grund, sich ständig zu sagen, daß man all das doch eigentlich tun „sollte". Tun Sie nur, was fest geplant ist, was Vorrang hat und was wirklich wichtig ist. Fragen Sie sich stets, ob Sie Dinge, die diese drei Kriterien nicht erfüllen, wirklich tun müssen.

Zur Gewohnheitsbildung
Hören Sie auf, sich mit dem zu quälen, was Sie tun „sollten". Fragen Sie sich stattdessen: „Hatte ich vor, dies heute zu erledigen?" „Hat es Vorrang?" und „Ist es wirklich wichtig?" Je häufiger die Antwort „nein" lautet, desto leichter werden Sie sich von Ihrem Sollte-Monster befreien können.

Tip 29

Rollen Sie nach rückwärts auf und planen Sie auf das Ziel zu

Die Dinge, die wir sehen,
denke ich zuweilen,
sind die Schatten des Zukünftigen,
dessen,
was wir zu schaffen gedenken.

Phoebe Cary
Dreams and Realities

Es ist nicht immer einfach vorauszusehen, was wir selbst oder andere tun müssen und wie komplex sich eine bestimmte Aktivität entwickeln wird. Doch unser gesunder Menschenverstand sagt uns, was notwendig sein wird, um eine Sache fertigzubekommen. Üben Sie sich bewußt darin, eine Arbeit oder ein Projekt rückwärts aufzurollen, so daß Sie die zukünftige Abfolge der erforderlichen Schritte und Aktivitäten besser visualisieren können.

Jeder neue Tag beschert uns eine ganze Liste von Orten, an die wir gehen müssen, und von Menschen, denen wir begegnen werden. Nach rückwärts Aufrollen kann also etwas so Einfaches sein wie zu wissen, was man tun muß, um morgens rechtzeitig aus dem Haus zu kommen, und was man abends dafür vorbereiten muß.

Hier ein paar Tips von Frauen, deren Terminkalender bis zum Rand gefüllt ist:

- „Ich treffe am Abend vorher Vorbereitungen für uns alle. Meine Tasche ist fertig gepackt, die Kleider für die Kinder liegen bereit, der Frühstückstisch ist gedeckt. Ich ziehe mich an, während die Kinder ein bißchen spielen. Das gibt ihnen Zeit, um aufzuwachen."
Mutter, Ehefrau, Sozialarbeiterin und ehrenamtlich tätig, 38 Jahre alt

- „Ich habe eine Uhr in jedem Raum, um mich selbst und vor allem meinen Mann an die Zeit zu erinnern. Ich bin mir der Zeit einfach besser bewußt, wenn ich eine Uhr sehe. Meist stelle ich sie sogar zehn Minuten vor."
Sekretärin, Ehefrau und aktiv in ihrer Kirchengemeinde, 29 Jahre alt

- „Ich gehe fünfzehn bis zwanzig Minuten früher von zu Hause weg als nötig. Das Extra an Zeit verwende ich, um meinen Kalender zu überprüfen, mir ein paar Notizen zu machen oder einen kurzen Artikel zu lesen. Auf diese Weise komme ich nie mehr zu spät."
Schriftstellerin, 35 Jahre alt. Kam früher ständig zu spät.

- „Ich verwende den Küchenwecker, um mich selbst daran zu erinnern, daß ich etwas Bestimmtes tun muß. Dieses Hilfsmittel setze ich auch ein, um Zeitgrenzen für meinen Enkel zu setzen. Ich sage ihm zum Beispiel, daß er seine Spielsachen beiseitelegen und zum Essen die Hände waschen soll, wenn die Uhr abgelaufen ist. Das funktioniert wirklich."
Künstlerin, zwei Kinder, ein Enkel, 48 Jahre alt

- „Ich plane Mahlzeiten eine Woche im voraus und kaufe sämtliche Zutaten ein. Während der Woche essen wir regelmäßig gemeinsam. An

den Wochenenden hat jeder von uns andere Pläne."
Mutter von sechs Kindern, 59 Jahre alt

- „Ich kaufe Geschenke im voraus. Alle paar Monate schaue ich nach, was in der nächsten Zeit an Geburtstagen, Hochzeiten und sonstigen besonderen Ereignissen auf mich zukommt, und mache eine Einkaufstour, um Karten und Geschenke zu besorgen. Dann verpacke und beschrifte ich die Geschenke. Wenn ich gerade an einem Laden mit interessanten Angeboten vorbeikomme, kann es auch vorkommen, daß ich ein paar Geschenke kaufe, ohne im Moment speziell an jemanden zu denken. Ich bewahre sie dann für zukünftige Verwendung auf."
Buchhalterin, Mutter, Ehefrau und Amateurfotografin, 32 Jahre alt

Am besten lernen Sie die Technik des Nach-rückwärts-Aufrollens und Auf-das-Ziel-hin-Planens, wenn Sie sich eine Zeitlinie vorstellen, die von der Vergangenheit über die Gegenwart in die Zukunft führt. Sie müssen in der Lage sein, künftige Anforderungen vorwegzunehmen, wobei Ihr Fokus auf die Gegenwart gerichtet bleibt. Es ist eine Art mentaler Jonglierübung. Vergessen Sie nicht, kluge Leute planen voraus. Und wie eine weise Seele einmal sagte: Zeit ist mehr wert als Geld.

Zur Gewohnheitsbildung
Schauen Sie einen Tag, ein paar Wochen, vielleicht einen Monat voraus. Machen Sie sich ein Bild davon, was getan werden muß, wie es getan werden sollte und was Sie heute dafür tun können. Machen Sie sich diese mentale Übung zur Gewohnheit.

Tip 30

**Setzen Sie die Tips um –
auf die Weise, die für Sie stimmt**

*Geben Sie der Welt das Beste,
das Sie haben,
und Sie werden das Beste bekommen.*
Madeleine Bridges
Life's Mirror

Es gibt unzählige Möglichkeiten, wie Sie die Zeit zu Ihrem Freund machen können. Nutzen Sie einzelne oder auch alle in diesem Kapitel aufgezeigten Ansätze, Hilfsmittel und Ideen, um Zeiträubern Einhalt zu gebieten.

Sehen ist Glauben
Visualisieren Sie

Machen Sie sich deutlich, wie es sich anfühlt, etwas fertigzubekommen. Durchwandern Sie die Schritte, die erforderlich sind, um eine Aufgabe zu vollenden. Visualisieren Sie auch die Reaktion der anderen Beteiligten und stellen Sie sich das Gefühl vor, das Sie überkommt, wenn Sie Ihr Ziel erreicht haben. Genießen Sie die Freiheit, die Sie gewonnen haben, weil Sie beschlossen, zuerst zu tun, was zuerst getan werden mußte.

Kreatives Visualisieren ist eine Methode zur Stimulierung Ihrer Imagination, die Sie befähigt, geistige Vorstellungen entstehen zu lassen. Diese Vorstellungen sind die Entsprechung dessen, was Sie sich im Leben wünschen. Es können Bilder sein oder einfach Gefühle und Stimmungen. Um den größtmöglichen Nutzen aus dieser Methode ziehen zu können, müssen Sie Ihr spezifisches Ziel bestimmen und ein entsprechendes Bild vor Ihrem geistigen Auge entstehen lassen. Rufen Sie dieses Bild so oft wie möglich zurück, begleitet von der positiven Erwartung, es verwirklichen zu können. Besorgen Sie sich ein paar Bücher zum Thema Visualisieren, um mehr darüber zu erfahren, wie Sie mit dieser Methode Ihre Ziele erreichen können.

Möchten Sie mehr freie Zeit haben?
Wünschen Sie sich diese Zeit

Sie haben ein Recht auf Zeit, die nur Ihnen selbst gehört. Freie Zeit öffnet Ihnen das Tor zu einem ausgeglichenen Leben. Sie zu wünschen bedeutet, die Schlacht schon halb gewonnen zu haben.

Vieles von dem, was wir im Leben erreichen, haben wir nur deshalb erreicht, weil wir es uns so sehr gewünscht haben. Erinnern Sie sich, wie Sie um manche Dinge gekämpft haben. Würden sie Ihnen heute gehören, wenn Ihr Wunsch weniger intensiv gewesen wäre? Wenn Sie also wirklich freie Zeit haben wollen, werden Sie sie auch bekommen. Sie werden Wege finden, um Einflüsse von außen, die sich als Zeiträuber erweisen, unter Kontrolle zu bekommen. Sie werden wirksame Gewohnheiten entwickeln, um Prioritäten setzen zu können und sich nicht von Ihrem Weg abbringen zu lassen. Sie werden Ihr bisheriges Verhalten in Frage stellen.

Es liegt bei Ihnen, sich zu wünschen, daß Sie in Zukunft mehr von Ihrem Leben haben. Sie haben die Wahl, ob Sie in Ihrer freien Zeit Körperübungen machen, reisen, nachdenken, ein Schläfchen halten oder sogar arbeiten wollen. Es liegt alles in Ihrer Macht. Sie haben die Wahl.

Die Macht Ihres Unbewußten

Lassen Sie Ihr Unbewußtes für Sie arbeiten. Wiederholen Sie Schlüsselsätze, Wünsche, Szenarien und bevorzugte Ergebnisse. Sagen Sie sich, daß Sie sein können, was Sie wollen. Daß Sie sowohl etwas zu Ende bringen als auch freie Zeit gewinnen können. Daß Sie fest entschlossen sind, mehr freie Zeit zu haben.

Hier ein paar Beispiele für Sätze, die Sie wiederholen können:

- „Ich kann über mein Leben bestimmen. Ich verwende meine Zeit, wie ich selbst es will, und beschränke die Möglichkeit anderer, mich von meinem Kurs abzubringen."

- „Ich habe „arbeitsfreie Stunden" verdient: um mich zu erholen, zu entspannen und nachzudenken."

- „Bei allem, was ich tue, bin ich entspannt. Ich bin nicht in Eile, nicht zu spät dran, und ich habe mich unter Kontrolle. Ich bin imstande, alles, was meiner Meinung nach wichtig ist, in angemessener Zeit zu bewältigen."

- „Ich messe meiner Zeit großen Wert bei. Ich verwende sie klug und lasse sie mir nicht von anderen nehmen."

- „Ich darf mein Büro früh verlassen, wenn ich meine Arbeit rechtzeitig erledigt habe."

Gehen Sie Verpflichtungen ein

Setzen Sie sich selbst unter Druck. Lassen Sie andere wissen, daß sie sich auf Sie verlassen können, daß Sie es schaffen werden. Sagen Sie anderen genau, was sie von Ihnen erwarten können.

Indem Sie aussprechen, wozu Sie sich verpflichten, erhöhen Sie für sich selbst den Druck, etwas leisten zu müssen. Sie machen es zu einem selbstauferlegten Versprechen. Dieses Versprechen bietet Ihnen gleichzeitig die Möglichkeit, einem anderen zu bestätigen, daß Sie verstanden haben, was er von Ihnen erwartet. Würde er fürchten, Sie ließen ihn im Stich und wollten sich nicht festlegen, so hätte dies nur unnötige Ängste zur Folge. Rechnen Sie nicht damit, zu versagen. Haben Sie Vertrauen. Sie werden es schaffen.

Vergeben Sie sich selbst

Gestehen Sie sich Fehler zu. Machen Sie sich klar, daß Sie sich zuweilen zu viele Verpflichtungen aufhalsen oder sich im Kreis drehen. Sie gehen durch einen Lernprozeß. Geben Sie sich den nötigen Raum, um wachsen zu können.

Wir sind menschlich. Das bedeutet, daß wir nicht vollkommen sind. Wir werden auch weiterhin über Unebenheiten auf unserem Weg der persönlichen Entwicklung stolpern. Es ist nur gut, wenn Sie sich dann mal selbst in den Arm nehmen und sich Mut machen: „Du bist schon ziemlich eigen, aber du hast dich bemüht und das weiß ich zu schätzen." Dann versuchen Sie es von neuem, bis es klappt. Sicher werden Sie auch in Zukunft Termine verpassen, zuviel tun, auf Ihre Kosten anderen gefallen wollen und sich von ihnen Ihre Zeit stehlen lassen. Räumen Sie sich die nötige Zeit für Ihren Weg ein. Sie werden ankommen.

Betrachten Sie nur einen Tag auf einmal

Wenn etwas schiefgeht und Ihre alten Gewohnheit wieder die Oberhand zu gewinnen scheinen, projizieren Sie das nicht auf die Zukunft. Sagen Sie sich, daß dieser Tag schwierig war und daß der morgige besser sein wird.

Sie können nur dann neue Verhaltensmuster entwickeln und Ihr Glaubenssystem neu orientieren, wenn Sie Schritt für Schritt vorgehen. Heute ist der erste Tag vom Rest Ihres Lebens. Betrachten Sie nur den einen Tag auf einmal. Sie sind wohl beängstigend, all die Verpflichtungen, Termine, Verantwortlichkeiten und Alltagsgeschäfte, aber Sie können sie bewältigen. Fahren Sie einfach fort, mit den Bällen in Ihrer Hand nach Ihren neuen Wünschen und Vorstellungen zu jonglieren.

Werden Sie locker
Ihre Wandlung soll Spaß machen

Es kann Spaß machen, eine bessere Zeitmanagerin zu sein. Empfinden Sie es als Freude, sich im Laufe Ihres Lernprozesses zu wandeln. Gehen Sie nicht zu streng mit sich selbst um.

Die Wandlung sollte keine Belastung sein. Wenn sie es doch ist, überdenken Sie Ihren Plan und nehmen etwas in Ihre Aufgabenliste auf, was Ihnen richtig Spaß macht. Wenn Sie nein sagen, wenn Sie Unterbrechungen beschränken, wenn Sie vorrangige Dinge vorziehen, dann tun Sie es mit einem Lächeln. Freuen Sie sich an den Veränderungen in Ihrem Leben. Sie sollten Ihnen mehr Entspannung bringen und mehr Vertrauen in Ihre Fähigkeit, es richtig zu machen.

Die anderen zählen auf Sie

Bedenken Sie, daß andere Menschen sich auf Sie verlassen. Sie sind ihnen wichtig als Freundin, als Geschäftspartnerin, als Mensch, den sie lieben. Nehmen Sie Ihre Beziehungen ernst und versuchen Sie, andere nicht im Stich zu lassen.

Das soll nicht bedeuten, daß Sie weiterhin der Sucht frönen sollen, allen zu gefallen, und daß Sie die Hausmeisterin oder das Dienstmädchen der Familie sein müssen. Ihre Familie und Ihre Kollegen zählen darauf, daß Sie Ihr Bestes tun und daß Sie ansprechbar sind. Es ist Ihre Sache, auch an sich selbst zu denken, während Sie die Erwartungen der anderen erfüllen.

Gewinnen Sie Zeit, um sie zu verschwenden

Genehmigen Sie sich die Zeit, eine nichtssagende Show im Fernsehen anzusehen oder ganz einfach in einem Sessel zu sitzen, ohne etwas zu tun. Dem sollten Sie zwar Grenzen setzen, aber wenn Sie das Bedürfnis haben, auf diese Art „dahinzuvegetieren", dann tun Sie es. Betrachten Sie es als verdienten Luxus, ganz einfach nichts zu tun.

Machen Sie das Beste aus sich

Sie können sehr wohl mehr Zeit haben, um das Leben zu genießen. Und Sie sind sehr wohl imstande, mit Hilfe des Handwerkszeugs, das Ihnen dieses Buch bietet, Ihre alten Gewohnheiten zu verändern.

Wir alle bemühen uns, unser Tempo zurückzuschrauben. Die schnelle Gangart der achtziger Jahre hat einer Periode Platz gemacht, in der die Frauen sich wünschen, den Duft der Rosen genießen zu können. Ein Lebensstil des Alles-haben-Wollens und des Alles-bewältigen-Müssens hat uns erschöpft. Wir kehren zum Wesentlichen zurück. Sie können das Beste aus sich herausholen, wenn Sie sowohl Ihren Wünschen und Sehnsüchten als auch Ihrer Entschlossenheit Ausdruck verleihen. Indem Sie lernen, gesunde Gewohnheiten zu entwickeln, werden Sie Ihr Leben bereichern und ihm mehr Kraft und Schwung verleihen. Und Sie werden genug Zeit haben, um das Leben zu leben, das Sie sich erträumt haben!

Zeit ist ein Geschenk, das Sie sich selbst machen.

Alle Tips auf einen Blick

Passen Sie den jeweiligen Tip Ihrer Situation und Ihrem persönlichen Stil an. Wählen Sie aus, was für Sie stimmig ist.

1. **Zum Umgang mit den Erwartungen anderer**
   - Was erhoffe ich mir von dieser Situation?
   - Was erhoffen oder erwarten die anderen Beteiligten?
   - Wie kann ich ihre Erwartungen erfüllen?
   - Was kann ich realistischerweise versprechen?

2. **Ein kleines „Zeitpolster" hat noch nie geschadet**
   - Strecken Sie Ihre Zeitschätzungen.
   - Schätzen Sie den Zeitbedarf für sämtliche Glieder in der Kette.

3. **Lernen Sie, nein zu anderen und ja zu sich selbst zu sagen**
   - Machen Sie eine Denkpause, bevor Sie Verpflichtungen eingehen.
   - Hören Sie auf Ihren „Bauch".
   - Lernen Sie, auf konstruktive Weise nein zu sagen.

4. **Machen Sie das Beste aus einer mißlichen Lage**
- Schauen Sie voraus, um drohende Konflikte zu erkennen.
- Erarbeiten Sie Kompromißlösungen.
- Nehmen Sie gegebenenfalls unverzüglich Kontakt zu allen Beteiligten auf, um Überraschungen zu vermeiden.

5. **Organisieren Sie feste Zeitblöcke und reduzieren Sie Unterbrechungen**
- Erkennen Sie Unterbrechungen als solche.
- Machen Sie sich klar, daß Unterbrechungen Ihnen Zeit stehlen.
- Beenden Sie Unterbrechungen freundlich aber entschieden und lassen Sie sich nicht aus Ihrer Konzentration reißen.

6. **Das Telefon – Ihr Freund und Ihr Feind**
- Schirmen Sie sich ab. Seien Sie nicht uneingeschränkt direkt erreichbar.
- Legen Sie eine bestimmte Zeit fest, in der Sie Ihre eigenen Anrufe tätigen.
- Setzen Sie Ihre Sekretärin und Ihren Anrufbeantworter effizient ein.
- Entwickeln Sie abschließende Formulierungen, um Gespräche zu beenden.
- Üben Sie sich in Multi-Processing und erledigen Sie mehr als eine Sache, wenn Sie schon am Telefon sind.

- Schreiben Faxe und Briefe, um Ihre Telefonate abzukürzen.

7. Seien Sie erreichbar
- Legen Sie fest, wie und wo Sie für wichtige Rückfragen erreichbar sind.
- Rufen Sie die Personen, die auf Ihren Anrufbeantworter gesprochen haben, noch am selben Tag zurück.

8. Geben Sie Ihrer Familie Hilfe zur Selbsthilfe
- Überlegen Sie, wie Ihre Familienmitglieder Arbeiten wie Kochen, Putzen, Waschen, Einkaufen von Lebensmitteln und sonstige Besorgungen übernehmen können.

9. Niemand putzt seine Zähne zum Vergnügen. Es ist eine Notwendigkeit.
- Erstellen Sie eine tägliche Aufgabenliste.
- Machen Sie nicht jeden Tag eine neue Liste, sondern bringen Sie die vom Vortag auf den jeweils neuesten Stand.
- Legen Sie Prioritäten fest, kombinieren Sie Aktivitäten und streichen Sie überflüssige Punkte ganz von Ihrer Liste.
- Überprüfen Sie Ihre Aufgabenlisten nachträglich, um Ihre Fortschritte erkennen zu können.

10. **Das Wichtigste zurest – alles eine Frage der Prioritäten**
    - Tue ich das Wichtigste zuerst?
    - Wie dringend ist diese Arbeit?
    - Wie kann ich diese Aufgabe an andere delegieren?
    - Was kann schlimmstenfalls geschehen, wenn ich diese Arbeit nicht erledige?

11. **Planen Sie Ihre Zeit – auch die freie**
    - Planen Sie Ihre gesamte Zeit.
    - Geben Sie sich genügend Raum für persönliche Vergnügen.

12. **Elefanten haben ein gutes Gedächtnis, Menschen nicht**
    - Gehen Sie keine Verpflichtungen ein, bevor Sie Ihren Terminkalender konsultiert haben.
    - Benutzen Sie Ihren Kalender als Grundlage für Ihre Aufgabenliste.
    - Halten Sie sämtliche Verpflichtungen und Verabredungen schriftlich fest, sowohl berufliche als auch private.

13. **Warum wir zwei Ohren und nur einen Mund haben**
    - Lernen Sie, wirklich zuzuhören.
    - Formulieren Sie Ihre Antworten entsprechend.

14. Behalten Sie die Dinge im Auge
- Legen Sie Ihren Terminkalender offen an einen Platz, wo Sie ihn immer sehen können.
- Bringen Sie ihn immer wieder auf den neuesten Stand.
- Benachrichtigen Sie alle Beteiligten, wenn sich etwas ändert.

15. Bringen Sie Angefangenes zu Ende
- Bringen Sie nach Abschluß einer Aufgabe zum Ausdruck, daß Sie sie als erfüllt betrachten.
- Tun Sie dies, wenn nötig, schriftlich.
- Behandeln Sie die Lösung zusätzlich auftauchender Probleme als „neues" Projekt.

16. Kein System ist so gut wie Ihr eigenes
- Passen Sie die einzelnen Zeitspartips Ihrer Persönlichkeit und Ihrem Lebensstil an.
- Wandeln Sie Ihren Ansatz ab, bis daraus problemlos eine Gewohnheit wird.

17. Seien Sie Ihr eigener Revisor
- Unterziehen Sie Ihre Aufgabenlisten einmal pro Woche einer nachträglichen Prüfung.
- Erkennen Sie, wo Sie Fortschritte gemacht haben.
- Korrigieren Sie gegebenenfalls Ihren Kurs.

18. Sie verdienen eine Pause
- Bauen Sie kleine Pausen in Ihre Tagesroutine ein, um sich zu regenerieren.
- Überlegen Sie, ob Sie Aufgaben von geringerer Priorität einschieben können, die zwar Ihrer Aufmerksamkeit bedürfen, aber nicht viel Zeit kosten.

19. Widerstehen Sie der Versuchung
- Erledigen Sie das Unangenehmste immer zuerst.

20. Nutzen Sie unvermeidliche Wartezeiten
- Erkennen Sie im voraus, wo Sie eventuell warten müssen.
- Nutzen Sie die Wartezeit produktiv.
- Nehmen Sie immer einen Stift, Papier, ein Buch und so weiter mit.

21. Fangen Sie einfach an – die Inspiration kommt nach
- Tun Sie es einfach, ohne viel darüber nachzudenken, was alles schief gehen könnte.

22. Delegieren Sie
- Stellen Sie sich die Frage: „Was kann ausschließlich (nicht am besten!) von mir selbst erledigt werden?"
- Delegieren Sie alle Arbeiten, die Sie nicht selbst auszuführen brauchen.

23. Gestalten Sie Ihr Leben möglichst einfach
- Erkennen Sie, wie wichtig Einfachheit ist.
- Machen Sie eine Liste Ihrer Verantwortlichkeiten, Aktivitäten und Pflichten.
- Suchen Sie das Gespräch mit Menschen, die Ihnen bei der Verwirklichung eines einfacheren Lebens helfen können.

24. Bitten Sie um Hilfe
- Werden Sie sich klar darüber, was Sie verändern möchten.
- Sprechen Sie mit Freunden, Verwandten und geistlichen Beratern.
- Ziehen Sie sich eine Weile zurück, um in aller Ruhe nachdenken zu können.
- Lesen Sie ein inspirierendes Buch.

25. Werden Sie sich Ihrer Ansichten bewußt
- Listen Sie Ihre Ansichten über sich selbst und die Menschheit im allgemeinen auf.
- Bewerten Sie sie kritisch ....
- ... und verändern Sie sie entsprechend.
- Halten Sie die neuen Denkmuster schriftlich fest ...
- ... und leben Sie sie.

26. Tun Sie nicht eines nach dem anderen
- Kombinieren Sie verschiedene Aktivitäten, um mehr fertigzubekommen und Zeit zu sparen.

27. Legen Sie nützliche Ordner an
- Legen Sie die Oberbegriffe für Ihr Ablagesystem fest.
- Wählen Sie ein Ablagesystem, das Sie bequem handhaben können.
- Wählen Sie einen guten Platz für Ihre Ordner und eine gute Methode für das Sammeln und Einordnen der Unterlagen.

28. Von jetzt an „sollten" Sie nicht mehr
- Hören Sie auf, sich Sorgen darüber zu machen, was Sie tun „sollten".
- Fragen Sie sich: „Habe ich das wirklich für heute geplant? Hat es Vorrang? Ist es wichtig?"

29. Rollen Sie nach rückwärts auf und planen Sie auf das Ziel zu
- Schauen Sie voraus.
- Machen Sie sich ein möglichst klares Bild davon, was getan werden muß, wie es zu geschehen hat und was Sie jetzt dafür tun können.

30. Setzen Sie die Tips um – auf die Weise, die für Sie stimmt
- Sehen ist Glauben.
- Wünschen Sie sich freie Zeit.
- Nutzen Sie die Macht Ihres Unbewußten.
- Gehen Sie anderen gegenüber Verpflichtungen ein.
- Vergeben Sie sich selbst.

Literaturtips

Baureis, Helga: *Women's Power Pack*,
Aurum Verlag, Braunschweig 1997

Caddy, Eileen und Platts, David: *Bring mehr Liebe in dein Leben – du hast die Wahl*,
Aurum Verlag, Braunschweig 1996

Garth, Maureen: *Der innere Garten. Phantasiereisen für Kinder und Erwachsene*,
Aurum Verlag, Braunschweig 1996

King, Serge: *Begegnung mit dem verborgenen Ich*,
Aurum Verlag, Braunschweig 1991

King, Serge: *Ihr Körper glaubt, was Sie ihm sagen*,
Aurum Verlag, Braunschweig 1992

Liekens, Paul: *Dann halten Sie die Fäden in der Hand. Praktisches Arbeiten mit NLP*,
Aurum Verlag, Braunschweig 1994

Markham, Ursula: *Visualisieren*,
Aurum Verlag, Braunschweig 1992